L'HOMME

MORAL.

L'HOMME MORAL,

OU

L'HOMME CONSIDÉRÉ

tant dans l'Etat de pure Nature,
que dans la société.

Par P. Ch. LEVESQUE.

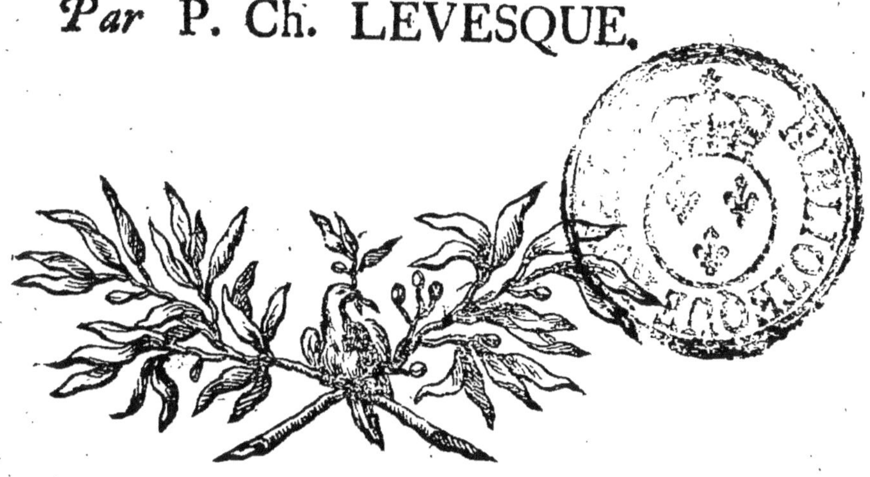

A AMSTERDAM

MDCCLXXV.

* 2

CHAPITRES.

TABLE DES CHAPITRES.

L'HOMME MORAL

CHAPITRE I.

Premier principe de la Morale mal connu.

Les Anciens Philosophes ont cultivé la morale & en ont fait souvent le sujet de leurs écrits. Leurs maximes ont mérité l'admiration de la postérité. Ils ont très bien établi nos devoirs, mais il n'ont pas remonté à leur source. Ils nous ont appris ce que nous devions faire, mais ils n'ont pas dit pourquoi nous devions le faire. Ils voulaient régir la Nature Humaine & ne la connoissaient pas.

Aussi, quoique leurs écrits soient remplis de sentences sublimes, il manque encore quelque chose à leur utilité. Car nous ne nous soumettons pas aisément sur la simple assertion du Moraliste à la gêne que la morale

A

nous impofe. Si vous voulez me foumettre au joug, donnez-moi des motifs qui m'engagent à le fubir.

Ecoutez la plupart des Moraliftes. Il femble qu'il y ait un Etre réellement exiftant qui fe nomme vertu & qui donne aux hommes des loix qu'ils font obligés de fuivre. Il femble même que cet Etre foit éternel & que fa connaiffance foit innée avec nous. Tel eft le penchant que nous avons à réalifer les noms que nous donnons aux collections de nos idées. Nous avons d'abord obfervé les différentes qualités que les hommes devaient avoir pour être utiles à la Société. Enfuite pour n'être pas obligés de faire l'énumération de toutes ces qualités, toutes les fois que nous voudrions parler de l'homme qui les poffede, ou que nous voudrions exhorter un homme à les acquérir, nous les avons toutes raffemblées fous le nom de vertu; & bientôt, à force de répéter ce nom, nous avons oublié la maniere dont nous l'avions formé nous-mêmes, & nous avons cru qu'il appartenait à un Etre réel.

Alors, les Moraliftes ont crié: Suivez la vertu, écoutez fa voix, foumettez-vous à ſes loix éternelles. Rempliſſez vos devoirs, car la vertu vous l'ordonne : elle ſeule eſt belle, elle ſeule eſt inaltérable. Les Moraliſtes ſe ſont plaints de ce que leur auditoire étoit ſourd : mais c'était eux qui étaient inintelligibles.

LEURS maximes étaient ſouvent vraies ; mais le principe qu'ils établiſſaient, était faux. Qu'en arrivait-il ? Peu frappé du principe ; on négligeait les maximes.

EN effet, qu'on y réfléchiſſe. Les hommes ont beau vouloir donner une exiſtence réelle aux produits de leur imagination. Ces Etres fantaſtiques n'ont jamais ſur eux la force irréſiſtible de la vérité. On les fait parler, on leur donne un empire, on les révere, on ſemble y croire, & cependant on n'y croit pas.

S'IL y avoit des hommes qui, privés de la faculté de former des mots, vécuſſent cependant en ſociété, ils pourroient exercer la juſtice, l'humanité, la bienfaiſance : mais n'ayant pu impoſer des noms à ces qualités, ils les auraient encore moins raſſemblées toutes ſous un nom collectif. Ainſi ils auraient pu être aſſez ſages, pour mériter d'être nommés vertueux ; mais ils ne se feraient jamais avisés de faire un Etre de la vertu.

Nous sommes donc forcés d'avouer que la vertu est une qualité, une maniere d'être, un accident de l'homme, une abstraction de sa pensée : & que, loin d'être éternelle, elle n'a par elle-même aucune existence physique. Mais il était d'une vérité éternelle, que, dans certaine situation de l'homme donnée, telle ou telle action serait ce que nous appellons vertueuse, & que les actions contraires rendraient leurs auteurs dignes d'être retranchés de la Société.

Il n'y a qu'un moyen de remonter à la source de nos devoirs. C'est de prendre l'homme sortant des mains de la Nature & de le conduire jusqu'à l'état social. C'est dans son passage à ce nouvel état, que nous verrons naître ses obligations.

Notre religion nous apprend que le Créateur instruisit l'Homme qu'il venait de former. Mais qu'il nous soit permis, pour mieux connaître la nature de l'homme, de mettre à l'écart les moyens surnaturels dont il fut aidé & de le considérer dans l'état où il se fût trouvé, s'il eût été abandonné à lui-même. Car un miracle ne peut nous faire connoître la Nature.

D'AILLEURS cet état que nous voulons examiner n'est point imaginaire. Nous avons trouvé dans le nouveau-monde assez d'hommes sauvages qui avaient perdu la mémoire des augustes instructions qu'a reçues notre premier père. Et que nous en reste-t-il à nous-mêmes? Ce n'est qu'au tems & au travail que nous devons nos connaissances incertaines. Le premier homme fut très instruit; mais ses enfans sont bien ignorans.

CHAPITRE II.

L'Homme Sauvage.

L'HOMME a la faculté d'acquérir des perfections, des qualités nouvelles: mais l'homme de la Nature ne possède encore que bien peu de qualités apparentes qui le rendent supérieur aux autres animaux.

PRESSÉ de la faim, il court sur la terre, il plonge dans les fleuves, il monte sur les arbres pour trouver quelque proie. Ses besoins satisfaits, il eſt tranquille, ne penſe point, ne prévoit rien & s'endort.

N'ÉTANT point environné comme dans la Société d'objets divers qui agitent l'imagination & réveillent les deſirs, ne connaiſſant point toutes ces idées acceſſoires, tous ces riens féduiſans qui ne ſont point l'amour, mais qui ſont plus délicieux que l'amour même; peut-être n'éprouve-t-il que dans une certaine ſaiſon le beſoin d'aimer, qui pour lui n'a qu'une forme, & qui ſe préſente pour nous ſous mille formes enchantereſſes. Quand cette douce fermentation l'arrache à ſon oiſiveté habituelle, & lui donne une vivacité inconnue, la premiere femme qu'il rencontre eſt celle qui doit lui plaire. Elle a toujours aſſez de charmes, puiſqu'elle peut lui faire gouter le plaiſir. Sa paſſion ſatisfaite, il l'abandonne & l'oublie pour toujours.

AINSI l'enfant qui doit le jour à cette union paſſagere, ne connaîtra jamais le mortel qui lui donna l'être. Sa mere, obéiſſant, par inſtinct, au cri de la Nature, lui prodigue l'aliment précieux que renferme ſon ſein.

S'IL reçoit la naiſſance dans un climat fa-

vorifé du Ciel, fon enfance eft heureufe, parce que, fans foins & fans recherche, fa mere
trouve dequoi fatisfaire à fes befoins.

Mais s'il eft né fur les terres ingrates du
Nord, où la Nature femble expirante, expofé dans la faibleffe du premier âge à toutes les
rigueurs des faifons, à toutes les intempéries
de l'air ; fans toit, fans vêtement, fuçant un
lait tantôt appauvri par le défaut de nourriture, tantôt vicié par la mauvaife qualité des
alimens ou échauffé par une fatigue exceffive,
il meurt bientôt : ou, s'il réfifte à tant de maux,
il devient un animal peu fenfible & très vigoureux.

Cependant fes formes croiffent, fes mains
atteignent déja aux premieres branches des jeunes arbres, & en arrachent les fruits ; ou fi le
fol infertile ne prévient pas fes befoins, déja
il peut attraper à la courfe ou furprendre par
fes rufes des animaux lents & foibles qu'il déchire & dont il dévore les membres cruds &
fanglans. Il s'égare dans les forêts qui cou-
vrent la terre fauvage qui l'a vu naître. Le
fentiment de fes forces lui apprend qu'il peut
fe paffer de fecours, fa mémoire eft peu té-

nace ; il ne cherchera donc pas longtems une mere qu'il a perdue & qui ne lui eft plus né-ceffaire. L'animal qui fe fuffit à lui-même, ne cherche qu'à exercer des facultés nouvelle-ment acquifes ; il oublie bientôt le fein qui l'a nourri.

Ainsi, dans l'état de Nature, l'amour con-jugal n'a d'autre empire que celui du befoin. L'un & l'autre finiffent à la fois.

L'amour paternel n'eft point encore fenti : car il faut de la prévoyance pour s'en pré-parer les plaifirs & l'Homme Sauvage ne pré-voit rien. Il ignore que la fuite de fa paffion fatisfaite, fera un Etre femblable à lui. Il fent, il s'abandonne au fentiment qu'il éprouve & ne voit rien dans l'avenir.

L'amour filial n'a pas plus d'exiftence ; car c'eft quelquefois la reconnoiffance, quel-quefois la feule habitude qui le fait naître ; mais le petit Sauvage n'a point encore affez d'idées pour être reconnoiffant, & a trop peu de mémoire pour fe faire un lien de l'habi-tude.

Cet amour eft auffi dû quelquefois à l'i-dée d'un devoir qu'on veut remplir. Cette idée échauffe l'imagination: le cœur partage la chaleur de l'esprit.

PEUT-ETRE l'amour maternel prit-il naissance dans le cœur de la premiere des meres, qui, obligée d'allaiter son enfant, s'y sera attachée par le bienfait qu'elle aura répandu sur lui. Attachement faible, dans un état où l'on n'a point toutes ces idées accessoires qui exaltent nos passions & qui sont dues à l'imagination & à la mémoire.

EN effet c'est la mémoire seule qui cause les regrets que nous font éprouver les personnes qui nous ont été cheres & qui sont absentes où qui ne sont plus. Nous nous rappellons mille petites circonstances dans lesquelles elles nous ont été agréables. Elles avaient coutume de faire ceci, elles ont dit cela, elles étaient là avec nous. Notre imagination nous peint fortement ces circonstances qui ne peuvent plus se renouveller, qui excitent nos desirs & font couler nos larmes.

LE tems console; non qu'il diminue la sensibilité de notre cœur, mais parce qu'il affaiblit ou détruit les traces qui étoient gravées dans notre souvenir & qui servaient d'aliment à cette sensibilité.

MAIS les Sauvages n'ont encore que quelques sons inarticulés: ainsi le petit Sauvage n'a rien dit. Dans une maniere de vivre entiérement monotone, il n'a presque rien fait. Il n'a pas été admiré dans telle ou telle circonstance: & sa mere a très peu de mémoire, parce qu'elle n'a point tous ces signes de la pensée que nous avons inventés, & qui fixent les idées d'elles-mêmes fugitives. Ainsi dans la vie sauvage, l'enfant, absent de sa mere, est bientôt oublié.

FAISONS habiter à notre homme isolé une de ces contrées dans lesquelles il est une saison où le froid glace les fleuves, où les animaux se cachent ou s'éloignent d'une terre couverte d'une couche épaisse de neige durcie par les frimats. Alors le Sauvage est souvent plusieurs jours sans trouver de quoi satisfaire à la faim qui le dévore. Quelquefois ses recherches sont tout-à-fait inutiles; il se tue par les peines mêmes qu'il se donne pour conserver sa vie; il tombe épuisé, languit & s'éteint.

QUELLE que foit la terre qu'il habite , fou-vent pourfuivi par les animaux carnaciers , fi quelqu'arbre ne lui offre point un afyle, fi en fuyant, il eft atteint dans fa courfe, il eft forcé de livrer un combat? Heureux, s'il eft vainqueur ; peu malheureux s'il fuc-combe, puifqu'il ne perd qu'une exiftence dont il n'a jamais connu le prix , & dont il n'a jamais prévu la fin. Mais s'il ne met en fuite fon ennemi qu'après avoir reçu quelque bleffure profonde ; privé de fecours, ne con-naiffant aucun remede à fes douleurs, il trou-ve une mort lente , après les plus affreux tourmens.

TEL eft le tableau qu'on peut fe former de l'homme de la Nature dans toute la ri-gueur du terme, & dont on ne peut fe faire une idée que par hypothefe, puifqu'on ne trouve partout que des hommes qui ont au moins quelque faible commencement d'affocia-tion. Comme il n'a qu'une fenfibilité médio-cre & moins encore d'idées , on peut avoir raifon de ne le point appeller malheureux. Il ne peut être miférable par la privation de ce qu'il ne connaît pas & il ferait difficile de dé-

cider fi les maux dont le menacent & que lui
font éprouver les animaux féroces & l'inclé-
mence de la Nature, font égaux à ceux que
l'homme fait éprouver à l'homme, & l'individu
lui-même dans l'état focial.

JE voudrais bien qu'on m'indiquât quels
font les devoirs moraux de cet homme ifolé ?
Envers qui les remplira-t-il ? lui qui vit feul
& pour lui feul. Pourquoi devrait-il à quelqu'autre ; puifqu'il n'attend que de lui-même
tout fon appui ? Quelles font les obligations
antérieures à la Société, auxquelles il eft af-
fujetti ? Pour être lié par des obligations, ne
faut-il pas qu'il y ait des Etres envers lesquels il
foitobligé ? Affurément la relation eft bienmar
quée, & ce qui eft ifolé, ne peut être relatif.

TEL dut être l'état des premiers hommes
pendant un grand nombre de fiecles. Dès auteurs veulent prouver par le fimple raifonnement & fans s'appuyer de la révélation, que
cet état n'a point exifté, que l'homme, par
fa nature, n'a jamais dû vivre ifolé. Ils ont
recours à l'analogie, & objectent qu'un grand
nombre d'animaux vivent en troupes. Qu'on
y faffe attention ; on verra que ces efpeces font

précisément celles qui, peuplant d'avantage, font compofées d'un plus grand nombre d'individus. Ces individus étant nombreux, ont eu plus d'occafions de fe familiarifer entr'eux & de fe reunir.

On foutient que les animaux qui vivent en troupes, y ont toujours vécu, parce qu'ils font incapables de perfectibilité. Il ferait peut-être plus vrai de dire qu'ils ne le font que jufqu'à un certain point. On ajoute des qualités nouvelles aux animaux domeftiques par l'éducation. Dans les endroits où les Caftors font peu nombreux & inquiétés, ils n'ont qu'un vilain poil dur & hériffé & fe creufent des habitations fous la terre comme les blaireaux : où ils fe trouvent en grand nombre & tranquilles, ils s'embelliffent, & conftruifent des ouvrages qui nous étonnent.

On infifte. On dit qu'on n'a point vu de pays où les hommes vécuffent féparés. Je le crois. Mais a-t-on découvert des pays, où l'homme, encore voifin de fon origine, n'eût pas franchi bien des degrés de perfectibilité?

Je crois donc que l'homme a pu vivre d'abord ifolé & que cet état a pu être très long.

On fait qu'elle eft la lenteur de la population, puifque, dans les circonftances les plus
favorables, elle ne s'accroit pas d'un vingtie-
me dans l'étendue d'un fiecle. D'ailleurs les
Sauvages peuplent moins que les Nations po-
licées.

DEUX feuls befoins étaient connus alors:
la faim & l'amour, mais la vie était trop dure, trop dépendante du hafard, pour que ce
lui-ci ne fût pas rarement fenti. Le langage
n'était pas encore néceffaire; ainfi il n'y avait
point encore de langage. Les hommes n'a-
vaient rien à fe difputer entr'eux; ainfi ils vivaient dans une forte de paix, comme font les
animaux de la même efpece. Il ne pouvait y
avoir que deux caufes de guerre; quand un
homme affamé ou amoureux, en rencontrait
par hafard un autre pourvu d'une proie ou
d'une femme. Le combat n'était ni bien long
ni bien cruel, entre deux ennemis qui n'a-
vaient point d'armes.

ENCORE trop dépourvus d'idées, pour fentir le befoin qu'ils avaient les uns des autres,
ces Sauvages ne penfaient pas à établir entr'-
eux des devoirs mutuels. Comment deux in-

dividus ne se rencontrant presque jamais deux fois en leur vie, auraient-ils cru se devoir quelque chose?

Mais je suis las de voir les hommes ainsi dispersés. Toute leur Histoire ne peut m'offrir jamais que le même tableau. Rassemblons-les en un corps, &, pour qu'il s'établisse une Société, rendons la nécessaire; car sans cela, elle tarderait trop à se former.

Il n'y a qu'à supposer que quelques individus de notre espece se trouvent renfermés dans un espace dont la sortie soit devenue impossible à des hommes sans art. Il ne faut pour cela qu'imaginer une révolution bien simple. Des bois sourés, des montagnes inaccessibles, peuvent fermer l'issue de trois côtés. Il ne faut plus qu'un éboulement de terre, que l'écroulement d'un rocher, pour que des masses d'eau, prenant un nouveau cours, empêchent toute retraite.

Insensiblement ces individus prisonniers travaillent à la propagation. Plus resserrés, plus nombreux, relativement à l'espace qu'ils occupent, ils sont sujets à des rencontres plus fréquentes & se familiarisent à la vûe de leurs semblables.

Cependant, comme ils ne sont pas encore entassés, qu'il leur est aisé de trouver une nourriture suffisante, ils vivent encore paisiblement: & n'ayant pas besoin les uns des autres, ils se rencontrent avec indifférence & ne font point encore usage de la parole pour établir entr'eux une communication inutile.

Mais le nombre des consommateurs devient enfin plus considérable & par conséquent les alimens plus rares.

Alors celui qui, après bien des fatigues, s'est procuré sa subsistance, & se la voit arracher, conçoit qu'on lui ravit injustement ce que ses peines lui avoient rendu propre. Ainsi se forme l'idée de la justice. S'il veut qu'on respecte ses propriétés, il faut qu'il respecte celles des autres & voilà un commencement de devoirs moraux. Mais cette idée morale vient bien lentement. Avant de s'en pénétrer, on emploie longtems la force pour l'attaque & pour la défense. L'inutilité fréquente de la force, rend la morale nécessaire.

L'HOM-

L'Homme affamé tâche par des cris inarticulés, par des geftes expreffifs de témoigner
fon befoin à celui qu'il croit capable de lui procurer des alimens. Voilà un commencement
de langage, parce que le befoin de fecours commence.

Si l'on eft touché de fes maux, s'il obtient
l'aide qu'il implore, il fe forme une idée de la
bienfaifance. Ainfi la vertu commence à être
connue. S'il ne reçoit que des refus, il acquiert l'idée de la dureté du cœur.

Toutes ces acquifitions ont dû fe faire
bien lentement. Je crois par exemple que,
pendant long-tems, l'homme ne s'eft pas plus
avifé de demander quelque chofe à fon femblable, qu'à un arbre, à un rocher. Car la
prierè renferme l'efpérance d'obtenir, & l'idée
d'accorder une grace n'eft pas plus liée dans
l'entendement de notre animal humain à l'idée
d'un homme, qu'à celle d'une chofe inanimée.
D'ailleurs l'efpoir fuppofe la prévoyance. Cependant la grande faibleffe, le défaut entier
de reffouces, l'extrême befoin aura enfin infpiré à l'un de nos Sauvages bruts, de pouffer
machinalement des accens plaintifs accompagnés

de geftes fupplians.   Le paffant bien repu lui aura jetté les reftes de fa proie.   Alors l'homme pourra demander encore une autrefois, par-ce qu'il a déja obtenu.   C'eft ainfi que les ani-maux domeftiques demandent à leurs maîtres, parce que leurs maîtres leur ont déja donné.

Dans la nouvelle fituation qui rapproche les hommes, qui les familiarife entre eux & qui fait naître de nouveaux befoins, l'homme peut refter auprès de la femme dont la fécondité lui procure un fruit de leur union, qui , en exi-geant leurs foins, contribue à la refferrer. Il eft même naturel qu'il y refte, foit pour épar-gner des peines à l'objet que les plaifirs qu'il a goutés peuvent lui rendre cher, foit pour lui faire partager les fiennes; car les Sauvages ne font pas fort galans. Voilà donc une union conjugale.

Si un voifin impétueux dans fes defirs, veut enlever à l'époux fa compagne, celui-ci res-fent le tort qu'on lui fait, & fe forme les idées que nous rendons par les mots de chafteté con-jugale, de rapt, de libertinage, d'adultere. Ainfi l'on voit s'étendre la lifte des vices, des vertus, des devoirs.

LA famille ainfi réunie a fouvent befoin de s'expliquer. Les cris différemment articulés & les geftes fuffifent pour témoigner le defir que font naître les objets préfens, ou le dégoût & la crainte qu'ils excitent. Il ne faut que montrer l'objet; l'accent & l'habitude du corps font le refte.

MAIS on defire des objets qui ne font pas préfens. Le pere qui conftruit fa cabane veut ordonner à fon fils de lui aller chercher les matériaux néceffaires. Il veut que ce fils pourvoie à la nourriture de la famille. Il faut inventer des mots qui deviennent la repréfentation de ces objets différens. Ainfi naiffent les fignes de la penfée, qui enfuite contribuent beaucoup aux progrès de la mémoire & à étendre la penfée même.

CHAPITRE III.

L'Homme en Société.

MAIS les recherches fur la formation du langage ne font pas de notre fujet. Nous avons indiqué en paffant cette formation, parce qu'elle fe trouve liée à l'Hiftoire de l'homme.

Nous venons de le voir fe réunir en Sociéité. Dans les premiers tems de cette réunion l'espece fe fera mutipliée promptement; car les befoins factices n'ayant pas fait connaître encore une mifere idéale, les enfans n'auront pas été de long-tems une charge pour leurs peres.

Dèsque l'espece eft nombreufe, il faut qu'elle fe réuniffe pour lutter contre la Nature, qui femble tendre toujours à faire fouffrir l'homme ou à le détruire, & que l'homme, toujours victorieux, force à lui fournir fa fubfiftance & les commodités dont il jouit.

Sur les riches bords du Gange & de l'Indus, vers ces parties fortunées de notre globe, que le foleil nourrit d'une chaleur plus vive & qu'il enrichit d'une moiffon abondante de fruits délicieux; les habitans d'une terre, qui fans ceffe prodigue fes tréfors, fans jamais exiger aucun tribut, ne dûrent éprouver que fort tard le befoin de fe raffembler. Portant des ames froides dans des corps brûlés; fobres, timides, lents & mélancoliques, ils defirent la folitude & n'aiment que la fraîcheur & le filence profond des forêts. Là, fans doute, les hommes ne se font point cherchés ; mais la population, quoique lente & insensible dans ses progrès, y aura cependant été beaucoup plus rapide que dans des climats moins heureux, dont la rigueur & l'infertilité ont dû long-tems combattre contre l'homme avec avantage, avant qu'il eût appris à les dompter. Sous ce ciel heureux, les hommes plus multipliés se seront rencontrés enfin. Ces pays où la religion exerce plus fortement son empire sur des imaginations tristes & sensibles, ont donné naissance aux premiers cœnobites, & nourrissent encore un nombre prodigieux de solitaires, dont les macérations font frémir l'humanité.

MAIS dans les climats du Nord, ou même dans les régions tempérées où nous sommes forcés d'arracher à la terre la subsistance qu'elle nous refuse ; où, sous un ciel plus froid, nous sommes dévorés d'un feu intérieur & concentré qui nous consume & qui exige une nourriture plus forte & plus abondante ; où, malgré notre juste horreur, la nécessité, plus impérieuse que le cri de la pitié, nous force d'immoler à notre appétit carnacier les animaux qui respirent avec nous & qui ont d'abord exigé

nos foins; la Société n'a pu être lente à se former, puisqu'elle est bientôt devenue indis-
penfable.

CELA ne veut pas dire qu'elle ait été établie
dans le Nord ou dans la Zône tempérée, avant
de l'être dans les contreés de l'Orient. Il faut
entendre feulement qu'à nombre égal, les hommes ont été forcés plutôt de fe réunir dans
les climats plus durs, que dans ceux dont la
douce influence rendait moins fenfible le befoin de fecours mutuels.

LOIN que la Société ait pris naiffance dans
le Nord, ou dans les régions tempérées, il est
prouvé par la chronologie des Indiens, & par
l'ancienneté de leurs arts, plus certaine que
leur chronologie, qu'ils ont été policés & par
conféquent raffemblés & nombreux, longtems
avant les autres peuples.

NOUS en avons déja rapporté une caufe;
c'eft que la Nature a moins combattu chez eux
contre la population.

MAIS d'ailleurs, qu'on jette un coup d'œil
fur l'Archipel Indien, fur toutes ces îles in-
nombrables qui le forment. Il fut, fans doute, un tems où elles faifaient partie du conti-

nent, & elles en ont été féparées par une ré-volution d'une antiquité inappréciable, dont le fouvenir eft effacé, mais que fes veftiges rendent affez certain.

Dans le moment de cette révolution ter-rible, il fe fera trouvé fur les fommets de ces terreins élevés, qui n'ont pas été enveloppés dans la fubmerfion, quelques individus de no-tre efpece. Plus refferrés qu'auparavant, leurs rencontres auront été plus fréquentes, leur po-pulation plus prompte, leur nombre plutôt ac-cru & leur union plutôt établie. De cette réu-nion feront nés quelques arts. Habitans des rivages de la mer, ils fe feront effayés fur cet élément & auront fabriqué de légers canots. Trop refferrés dans leurs îles, ils auront été peupler des terres dont ils n'étaient féparés que par des bras de mer affez étroits. Ainfi quoi-que le climat exige moins que beaucoup d'au-tres la réunion des hommes, un autre genre de néceffité y aura accéléré cette réunion.

Si nous n'étions point éclairés du flambeau de la révélation, nous pourrions croire que, fans cette révolution du fol Indien, & les au-tres fecouffes qu'a fubi notre globe, il n'y aurait peut-être point encore de Société sur la terre.

Tout annonce à l'œil observateur du Philosophe l'extrême antiquité du monde : les monumens de l'ancien séjour des eaux sur les différentes parties de la terre ; ses différentes couches ajoutées les unes sur les autres dans les plus grandes profondeurs connues ; dans certains endroits un désordre qui rend témoignage des plus terribles renversemens, dans d'autres les vestiges fossiles des plus affreux incendies ; ici des mers couvrant des bas-fonds qui ont servi d'habitation aux quadrupedes, là de vastes contrées qui semblent nouvellement sorties du sein des eaux. L'expérience démontre la rareté de ces grandes révolutions, puisqu'il n'en est arrivé qu'un petit nombre & de peu considérables, depuis que les hommes conservent la mémoire des faits. Cette rareté est une nouvelle preuve de l'ancienneté de notre globe. Cependant il semble en même tems que ce soit hier que les hommes ont commencé à se réunir & à former un corps social.

LA Société est à présent partout indispensable, puisque les hommes se pressent en quelque forte les uns contre les autres, ne peuvent subfifter que par leurs foins réciproques, & espéreraient envain tirer leur subfiftance d'une terre qu'ils n'auraient pas cultivée ou de la chair des animaux qu'ils n'auraient pas nourris.

Dans la Société l'homme ne reffemble plus au Sauvage ifolé.

L'Homme focial perd de fa force & acquiert de la fenfibilité. Son adreffe s'étend fur un plus grand nombre d'objets en même tems qu'elle diminue à quelques égards. Il faura fe conftruire un afyle, & ne faura plus en trouver un au fommet d'un arbre élevé. En étendant fes connoiffances, il contraête de nouveaux goûts; en perdant de fa force, il apprend à connaitre de nouveaux befoins. Moins exercé, il ne fera plus affez léger pour fuir le lion, le tygre qui l'attaquent; mais il le domptera avec les armes qu'il a fu fabriquer. Devenu prévoyant, il craindra les dangers auxquels il ne pourrait réfifter feul; il ne s'y expofera qu'avec fes compagnons. Ils lui prêteront auffi du fecours, dans les travaux que lui feul ne pourrait exécuter. Mais s'ils ne lui refufent pas leur aide, c'eft qu'ils peuvent attendre la sienne dans l'occasion. Ils donnent pour recevoir & ne doivent pas être trompés dans leur attente. Ainsi point de Société sans un commerce quelconque, & qui même ne soit fondée sur ce commerce.

DE nouveaux arts s'inventent. Quelques-uns en jouissent d'abord ; bientôt ils deviennent nécessaires à tous. Mais tous ne peuvent exercer chacun d'eux. Ainsi s'accroit le commerce & s'augmentent les chaînons de la chaîne sociale. L'un fournit à l'autre son industrie & en retire ce que lui-même ne pourrait se procurer. Qu'un homme alors soit rejetté de l'union commune, il trouvera bientôt la mort dans sa foiblesse & dans la privation des besoins qu'il a contractés.

CHAPITRE IV.

Des Devoirs du Citoyen en général.

SOUS quelque forme que soit rassemblée la Société, nous lui donnerons le nom de République, parce que c'est l'intérêt général, le bien de la chose publique, qui est le fondement véritable de tout Gouvernement. Si ce bien n'eſt pas toujours conſulté, s'il eſt même quelquefois cruellement contrarié, c'eſt l'abus & non la nature du régime. Quand les hommes ont établi un Gouvernement quelconque, ils ont cru aſſurer leur bonheur.

Tout homme vivant ſous un Gouvernement, doit être appellé Citoyen, parce qu'il participe aux avantages de la Cité, c'eſt à dire du Corps Social, & qu'il doit contribuer pour ſa part à ces mêmes avantages dont il profite.

En effet l'homme en Société n'eſt plus rien par lui-même. Seul au milieu de tous, il eſt environné des témoignages de ſa propre faibleſſe. Fort comme Citoyen, parce que tous ceux qui l'entourent lui ſervent d'appui, comme homme il ne peut ſe ſoutenir par ſa propre puiſſance. Il n'a même la faculté de vivre qu'autant que les compagnons de ſon ſort, ne ſe livrent pas ſans réſerve à l'injuſtice, à la cupidité. Expoſé à mille beſoins qu'il n'a pas en lui-même la faculté de ſatisfaire, & qu'il doit attendre d'autrui, menacé de périls qu'il ne ſaurait parer & dont la Société le garantit; il doit ſes jouiſſances, ſes forces, ſes poſſeſſions & jufqu'à fon exiftence au corps politique auquel il eft affocié.

Les maux de la Société deviennent communs au Citoyen. Nulle partie de l'édifice ne peut s'écrouler, qu'il ne rifque d'être écrafé fous fa ruine. L'injuftice qu'il commet, le menace d'une injuftice qu'il aura à fupporter. S'il fe livre au crime, d'autres pourront devenir également criminels ; & qui peut l'affurer de n'être pas leur victime ? Il doit donc tendre conftamment au bien général, puifque c'eft de ce bien que dépend celui des particuliers.

Si un feul prétend fe difpenfer de travailler à l'avantage public, pour ne s'occuper que de fes propres avantages, de fa propre fatisfaction; s'il veut s'exempter du devoir commun, parce que les actes d'un particulier doivent avoir peu d'influence fur les actes de tous; les autres pourront s'exempter de même de devoirs importuns. Alors chacun tendant à fon propre intérêt, & méprifant l'intérêt général, la Société, abandonnée de fes membres, ne fera plus, puifqu'elle n'eft que par eux. L'Etat fera détruit, & entraînera la perte des Citoyens.

QUELLE exiſtence reſtera-t-il au Corps Politique, ſi on le conſidere indépendamment des membres qui le compoſent? Je ne trouve plus qu'un vain nom. Il n'eſt que par les individus qui le forment, il emprunte ſa force de la force réunie de chacun d'eux, &, procurant à ſes membres les avantages dont ils jouïſſent, il n'a lui-même d'autres avantages que la ſomme réunie de ceux que lui rapporte chaque Citoyen.

UN Etat vertueux eſt celui qui eſt compoſé de Citoyens amis de la vertu. Une République corrompue, ne renferme généralement que des hommes vicieux & par conſéquent malheureux, puiſqu'ils ſont entr'eux tour à tour & bourreaux & victimes. Car, lorſque chacun veut tendre par toutes ſortes de voies à ſon bien-être, chacun nuit & reçoit des dommages, dépouille & eſt dépouillé, frappe & eſt frappé; & l'on ne voit plus qu'un état de guerre de tous contre tous.

CET état doit avoir été trop longtems celui des premiers hommes qui ſe ſont trouvés réunis. Ils n'auront pas été aſſez bons raiſonneurs pour s'impoſer quelque gêne pour leur propre avantage. Ils n'auront pas imaginé que, pour leur bonheur, ils devaient faire le sacrifice d'une partie de leurs desirs. Pénétrés du sentiment de leur force, c'est à cette force qu'ils auront voulu tout devoir.

Mais s'appercevant enfin des maux qu'ils se causaient à eux-mêmes en ne mettant point de limites à leurs prétentions, las de perdre autant & souvent plus qu'ils ne pouvaient obtenir, ils seront convenus de certaines obligations auxquelles ils se liaient mutuellement pour leur tranquillité réciproque. Ces obligations se sont accrues à mesure que le besoin s'en est fait sentir. Chacun a donc cessé de prétendre à tout, pour jouïr avec plus de sûreté de ce qu'il possédait, & tous se sont mis des chaînes, pour jouïr en paix de quelque liberté.

Ainsi c'est avec la Société que commence le devoir. L'utilité reconnue lui a donné naissance & constitué son être.

On peut donc le définir: l'observation rigoureuse de ce qui est utile à la Société. Cette courte définition renferme toutes nos obligations & la pratique de toutes les vertus, puifqu'il n'en eft aucune qui ne foit utile au Corps Social. Elle exclud tous les vices, puifqu'ils font tous dangereux.

Nous n'aurons pas befoin de porter nos regards au delà de la Nature, ni de nous plonger dans les profondeurs d'une fublime & fauffe métaphyfique, pour chercher à connaitre nos devoirs. Ils font tous renfermés dans l'utilité. Je dis dans l'utilité & non pas dans la vertu, parce que la vertu n'eft autre chofe que le devoir lui-même rempli, ou les loix de l'utilité religieufement obfervées. Elle eft le moyen, & l'utilité eft la fin. Je ne dirai pas qu'il faut être jufte, parce que la juftice eft une vertu; car je pourrais parler à des gens peu fenfibles à ce langage. Mais j'entraînerai plus invinciblement mes concitoyens, en leur criant: Hommes, obfervez la juftice, car elle eft utile aux autres & à vous-mêmes.

Des hommes vicieux & en même tems pitoyables raifonneurs, s'affermiffent dans leur mépris pour les vertus qui les condamnent, parce que ce font, difent-ils, des inftitutions de convenance.

Eh! quel plus bel éloge en peut-on faire, que d'avouer qu'elles conviennent au bien de la Société ? Tu y vis, misérable, dans cette Société, tu jouis des avantages qu'elle te procure ; tu aimes à les recueillir en refufant d'y contribuer. Si elle te rejettait, tu cefferais d'être : & tu dedaignes ce qui lui eft convenable, ce fans quoi elle ne peut fe maintenir!

N'est-ce donc pas parce que l'homme éclairé par la faine raifon, infpiré par la Nature, a fenti l'utilité de la vertu, eft convenu de l'obferver, qu'elle en eft plus refpectable ? Que ferait-elle, en quoi pourrait-elle confifter, fi elle était abfolue & fans aucune relation aux avantages des hommes ? Celui même qui l'outrage, en profite. Aurait-on donc accordé ce beau nom à des actes ftériles ? Ayons horreur du malheureux qui méprife la vertu, parce qu'elle n'eft qu'utile.

Pour nous affurer que c'eft l'utilité, qui en fait la bâfe, adoptons un moment la fiction des Champs Elifées. Transportons-nous dans ce féjour de félicité célébré par les anciens poëtes. De quelle vertu la pratique refte-telle

elle

elle aux ames heureufes qui font cenfées l'habiter? Du courage? Elles n'ont point de maux à fupporter, de périls à craindre. De la juftice? Nul n'y convoite le bien d'autrui. De la tempérance? On n'y connait point les defirs. De la prudence? il ne refte plus à choifir entre le bien & le mal. De la bienfaifance? Eh! perfonne n'a de befoins. Il ne leur refte donc l'exercice d'aucune vertu, parce qu'il ne leur refte plus rien d'utile à faire.

QUAND les Chefs des Gouvernemens & tous les Citoyens rempliront leurs devoirs; quand ils feront juftes, humains, bienfaifans; quand ils auront toujours devant les yeux l'utilité générale: les hommes jouïront de la plus grande portion de bonheur dont l'Humanité foit capable.

CHAPITRE V.

Les Hommes font-ils méchans?

QUI peut donc nous éloigner de la pratique de nos devoirs qui nous ferait fi avantageufe? Faut-il croire que l'homme foit méchant?

C

Ceux qui ont répondu qu'il l'était, ont calomnié l'humanité.

On aurait tort aussi de répondre qu'il est naturellement bon. Puisqu'il naît sans idées, il naît indifférent au bien & au mal. La situation dans laquelle il se trouvera placé, sa maniere d'envisager ses intérêts décideront de ses penchans ; agneau, s'il doit brouter l'herbe ; tygre, s'il doit se nourrir de carnage.

Dans son premier état, il ne pensait qu'à satisfaire aux besoins de la Nature. Toujours guidé par elle, il n'entrait dans ses actions aucune malignité. Quand il éprouvait le sentiment de la faim, il cherchait une proie & la prenait indifféremment où il la trouvait, sur un arbre, dans les champs, entre les mains d'un homme. Il ne voyait dans cet acte qu'un moyen de satisfaire le besoin dont il étoit pressé, ses idées n'allaient point au delà. Il sentait & ne raisonnait point. Le sentiment lui ordonnait de se nourrir, le raisonnement ne lui avait point appris à respecter la propriété d'autrui. Nulle relation n'existait pour lui : il ne connaissait que lui seul dans la Nature, parce qu'il n'avait que la conscience de ses propres fenfations. C'eft ainfi qu'on voit des animaux affamés arracher à d'autres leur proie, par le feul inftinct qui les porte à fe nourrir.

Dans l'état actuel, l'homme qui a plus d'idées, plus de connaiffances, a auffi plus de befoins. Il a faim d'un plus grand nombre d'objets. Il cherche donc plus fouvent à dépouiller fon femblable. C'eft le même fentiment, mais il eft plus fouvent réveillé.

En acquérant des idées, l'homme a acquis beaucoup de fauffes idées. Il s'eft accoutumé à regarder comme néceffaires bien des chofes qui ne compofent pas le néceffaire. Il fait du mal aux autres pour fe les procurer.

On ne fait du mal que par intérêt, par colere ou par vengeance.

L'Homme dans fon état naturel ne connaiffait pas la vengeance, puifqu'il n'avait pas l'idée que nous nous fommes formée de l'infulte.

D'ailleurs la vengeance fuppofe un fentiment profond d'une injure paffée, & nous avons vu que notre Sauvage avait bien peu de mémoire.

C 2

L'ATTAQUAIT-ON, pour le priver de sa proie ? il se défendait. Le combat fini, la querelle étoit oubliée.

JE pense qu'il était capable de colere, comme la plupart des autres animaux. Mais c'est une affection passagere. Elle ne peut constituer la méchanceté qui suppose une habitude constante.

IL ne reste plus que l'intérêt. Mais ôtez à l'homme tous les faux intérêts qu'il s'est fabriqués, vous lui ôtez toute sa malice. S'il l'exerce fréquemment, c'est qu'il a un grand nombre de desirs. Mais tous ces desirs sont excités en lui par toutes les superfluités dont il est entouré dans l'état social. Il ne les a pas naturellement, il n'a donc pas naturellement de méchanceté.

LES hommes puissans ont été plus souvent accusés d'être méchans que les autres. C'est qu'il y a pour eux bien plus d'objets intéressans.

ILS sont plus en vue. Plus d'hommes se trouvent intéressés à leur nuire. Souvent le tyran sanguinaire n'a voulu que se défendre.

ON n'a gueres de desir violent que ceux qu'on peut espérer de satisfaire, & l'homme puissant peut satisfaire presque tous les siens, Desire-t-il les biens d'un homme? Il les aura. Cela ne tient qu'à la vie du possesseur,

DENIS, tyran à Syracuse, fut un bon homme à Corinthe.

QU'ON me dise qu'un homme fait le mal sans intérêt: je ne le croirai pas, ou je croirai qu'il est insensé.

ON cite des exemples. Examinons les. Nous verrons que ces gens qui ont fait le mal, sans qu'il dût leur en revenir aucun avantage, é-taient dans des momens d'une gaieté effrénée & stupide, dans le délire de la débauche. Ils étoient foux alors.

VOUS dit-on qu'un homme est méchant? Suivez-le bien. Vous lui verrez faire des ac-tes de bonté, quand il n'aura pas d'intérêt à faire le mal.

L'HISTOIRE ancienne cite des Princes qui n'ont jamais fait de bien, qui ont toujours fait du mal & souvent pour le plaisir de le faire. L'histoire ancienne a menti.

C 3

POURQUOI ne voit-on pas de tels Princes dans l'Hiftoire moderne ? C'eft qu'elle eft mieux faite. C'eft que les Hiftoriens font moins ennemis des Souverains, c'eft que les faits font moins incertains.

POURQUOI les Peuples des Indes font-ils plus doux que les autres ? C'eft qu'ils ont moins de befoins.

POURQUOI les Mahométans qui les ont fubjugués n'ont-ils pas contracté la même douceur ? C'eft qu'ils ont apporté avec eux plus de befoins factices.

S'IL exiftait un Peuple chez lequel la Nature fut fi abondante, que chaque particulier n'eût qu'à étendre le bras pour fe procurer la nourriture ; où le climat fût affez doux pour qu'on n'eût pas befoin de vêtement ; où les ombrages fuffent affez étendus, pour fournir le couvert à tous ; où nul homme n'eût befoin d'un autre & n'eût par conféquent aucun intérêt à en chagriner un autre ; où, ce qui ferait une fuite de cet heureux état, il n'y eût dans l'amour que l'amour même, toujours couronné, jamais inquiet ni jaloux : il n'y aurait chez ce Peuple aucun acte de malignité & le mot de méchanceté manquerait à la langue.

Il semble donc que, pour rappeller les hommes à leur bonté naturelle, il ne faudrait que les dépouiller de tous leurs intérêts imaginaires, que leur faire connaître leur intérêt véritable & ce qui peut les rendre heureux. Mais qu'il est difficile d'éclairer l'homme! C'est un aveugle qui heurte, blesse & renverse ceux qu'il rencontre, précisément parce qu'il est aveugle.

CHAPITRE VI.

Gouvernement.

LE même bien général qui est la source & le but des devoirs, a donné aussi naissance au Gouvernement.

Eh! quoi? L'homme n'a-t-il donc pas le droit d'être libre? Oui, sans doute, tout homme semble avoir le droit de chercher un désert sauvage, d'y errer, d'y souffrir & d'y périr en liberté.

Mais il faut convenir d'une vérité triste. C'est au prix d'une partie de cette liberté même, que l'homme achete la fûreté de ce qui lui en refte & tous les avantages de l'Etat Social.

L'Homme eft incapable d'une liberté fans bornes. Sa Nature ne comporte pas à la fois qu'il vive libre & au milieu de fes femblables. Ils ont trop de paffions qui leur feraient réciproquement funeftes. Il faut qu'elles foient réprimées par le frein des loix, il faut que l'homme reçoive des chaines. Les vices de fa Nature l'ont foumis néceffairement aux loix: il l'eft donc en même tems au Gouvernement chargé de les porter & de les maintenir.

Si tous les Citoyens fentaient de quel avantage font les bonnes mœurs à la République; s'ils avaient fur eux-mêmes affez d'empire pour réprimer leurs paffions vicieufes: aucun d'eux ne craindrait qu'on vînt apporter la corruption dans le fein de fa famille. Si tous voulaient être juftes, par le fentiment profond des maux que doit faire éprouver à la République l'injuftice de fes membres: nul ne craindrait les trames fourdes, ni les entreprifes violentes de l'iniquité.

Ainsi les hommes refteraient toujours dans un état de liberté parfaite, &, fe gouvernant affez bien eux-mêmes, ils ne foupçonneraient pas même ce qu'on appelle Gouvernement.

Mais au contraire dans les affociations des hommes, les befoins font preffans & difficiles à fatisfaire : les paffions font véhémentes. Celui qui pourra arracher à fon voifin faible la fubfiftance qui lui couterait plus à acquérir autrement, ne fe refufera pas à la douceur de contenter fes appétits par les moyens les plus faciles. De là un cruel état de guerre de Citoyens contre Citoyens, delà l'idée de la juftice & l'établiffement d'un pouvoir capable de la faire refpecter.

Sans tous les défordres que les hommes apportent eux-mêmes dans leur union, rien ne ferait plus injufte que le pouvoir d'un feul qu'on nomme Prince, ou de plufieurs qu'on nomme Magiftrats, fur le grand nombre qu'on nommePeuple.

Mais, fans ce pouvoir, aucun membre du Corps Social ne pourrait être paifible dans fes jouïffances, affuré dans fes poffeffions, ni même fans crainte pour fa vie. Rien n'eft donc plus jufte que cette puiffance qui leur affure à tous & la vie & la paix.

POUR reconnaitre l'origine du Gouvernement, remontons encore à la naissance de la Société.

LES hommes, rapprochés les uns des autres, mais n'ayant encore ni poffeffion, ni langage, ni arts, ni prefque d'idées, ne penfèrent pas à établir une forme de Gouvernement entr'eux. Ils étaient chaffeurs, pécheurs ou frugivores, fuivant la fituation où ils fe trouvaient placés.

QUAND l'un d'eux fe voyait ravir la proie qu'il avait faifie avec peine, il fentait bien l'injuftice; mais on n'y connaiffait point de remede. Il fouffrait la faim, jufqu'à ce qu'il eût trouvé une autre proie, qui, fur un terrein peu habité, & pour des habitans peu difficiles, devait fe trouver ordinairement bientôt.

NOTRE espece n'était plus dans un état de pure nature, puifqu'elle avoit déja franchi quelque premier dégré de perfectibilité : mais elle était encore bien fauvage.

QUAND la pêche, la chaffe ou les productions fpontanées du fol ne fuffirent plus aux habitans multipliés, il fallut raſſembler des troupeaux, planter des arbres, cultiver la terre. On ſent bien que les termes entre ces différentes époques dûrent être fort longs.

L'Homme eut alors le malheur devenu néceſſaire, d'être poſſeſſeur.

Avec les poſſeſſions, naquirent l'avarice, la cupidité, la fraude. Parce qu'on avait déja quelque choſe, on déſira beaucoup.

Auparavant un homme affamé avait bien arraché la nourriture des mains de ſon ſemblable: mais à préſent un homme qui n'a pas de beſoin, veut augmenter ſes poſſeſſions, pour gouter le plaiſir d'avoir de grandes poſſeſſions.

On arrache à un autre ce qui lui eſt néceſſaire pour vivre, afin de ne pas toucher à ce que ſoi-même on a pour vivre.

Celui qui, pour ſe vêtir, a plus de peaux de brebis qu'il ne lui en faut & qui n'a pas de fruits, doit donner quelques-unes de ſes peaux à celui qui lui donnera des fruits : mais il aime mieux tâcher d'avoir les fruits & de garder les peaux.

Est-il vigoureux ? Il n'y cherchera pas de fineſſe. Il enlevera les peaux, le troupeau même & se fera peut-être servir par le propriétaire dépouillé. Se défie-t-il de sa vigueur? Il trouvera des moyens de dérober adroitement. La ruse est la force du faible.

AINSI les hommes employoient sans cesse, les uns contre les autres, la violence ou la supercherie. Qui n'était pas un Hercule, voulait être un Cacus.

CELUI qui se vit opprimé par la force, qu'on priva du fruit de ses peines, qui vit ses jours menacés par l'iniquité, fit des vœux pour l'établissement d'un pouvoir capable de le protéger.

L'HOMME fort, l'homme puissant méconnut plus longtems les loix sacrées de l'équité. Il fondait tous ses droits sur la force de ses muscles. Ne craignant rien, il abhorrait toute dépendance. Il eût rougi de se soumettre même à la justice, & aurait été indigné qu'elle eût enchaîné son bras.

MAIS toute force, toute puissance est relative. Tout homme peut être accablé par la force d'un autre ou par la puissance réunie de plusieurs. Tous sentirent donc enfin qu'ils avaient intérêt au maintien de la justice.

ILS le fentaient ; mais ils ne laiffaient pas
de l'enfreindre quand l'occafion fe trouvait favorable. Les paffions font vives, la raifon eft
froide ; la glace ne réfifte point au feu.

QUEL tableau que celui des hommes fans
frein, dévorés par l'ambition, livrés à l'intérêt, rongés par les defirs tumultueux, troublés par les fureurs de l'amour & de la jalou-
fie, égarés par les transports de la colere, rendus furieux par la frénéfie de la vengeance !
Difcordance bifare, d'où réfulte, quand elle eft
bien tempérée, cette heureufe harmonie qui
donne la vie & le mouvement à la Société.

QUELLE fut la reffource des hommes ? Ils
élurent un Chef pour tenir entr'eux la balance.
Le Roi était une loi vivante. Sa volonté for-
mait tout le fyftême de la légiflation. Ce
Gouvernement que nous appellons defpotique,
eft le plus fimple dans fes moyens, celui qui
fuppofe le moins de lumieres & par conféquent
le plus ancien de tous.

Il étoit plus conforme aux idées peu étendues des premiers hommes raffemblés, de choifir un d'entr'eux qui les jugeât, que d'établir
une fuite de loix par lefquelles ils fuffent ju-

gés. Les Gouvernemens Aristocratiques ou populaires sont, en quelque sorte, d'institution moderne.

QUELQU'UN a dit que la Démocratie était le plus ancien des Gouvernemens, parce que ce fut celui des premiers hommes qui se rassemblerent en Société, avant qu'ils eussent élû des Chefs. Mais ces hommes n'avaient pas encore établi de Gouvernement; ils ne vivaient donc pas sous le Gouvernement Démocratique.

CEUX qui supposent que la Société a commencé par l'union d'une famille, doivent reconnaitre que le Chef de la famille a été une sorte de Roi.

Les Républiques ont été établies par des hommes qui, déja policés, se sont réunis pour former un établissement, ou elles se sont élévées sur les ruines du Gouvernement d'un seul. Quand, au moment de l'association, il s'est trouvé des hommes qui l'emportaient beaucoup sur les autres par la fortune ou par l'autorité, la République a été Aristocratique.

MAIS cette question plus approfondie, serait ici déplacée.

IL reste certain qu'un Gouvernement est absolument nécessaire aux hommes, & que le plus grand mal qu'on pût leur faire, serait de les abandonner à eux-mêmes. Bientôt la terre ne serait plus que le vaste & affreux tombeau de l'humanité.

FERMEZ donc l'oreille à la voix téméraire de ceux qui veulent détruire toute subordination, qui appellent sans cesse les hommes à la liberté. C'est sacrifier la Société à l'individu, comme si l'individu ne devait pas être enveloppé dans la ruïne de la Société.

LA vraie liberté consiste à faire ce que l'on veut, pourvû que cette volonté soit honnête & ne soit pas contraire à l'intérêt de la République. Et cette liberté manque rarement aux hommes d'une condition médiocre & sans ambition, même sous le joug d'un tyran. Car les tyrans ne vont gueres chercher leurs victimes: ils ne frappent que ceux qui se trouvent ou viennent se placer à la portée des coups de leur sceptre d'airain.

PUISQUE la Société ne serait qu'un cahos informe, si elle n'était subordonnée à un pouvoir qui la dirige ; c'eſt donc un devoir de ſe ſoumettre à cette puiſſance & de ſacrifier l'amour de la liberté, cet inſtinct ſi vif & ſi impérieux, à l'amour de la paix & de l'ordre, à l'utilité générale & à notre propre intérêt.

DEVENIR Citoyen, c'eſt ſe ſoumettre à un Empire, s'obliger à bien des devoirs qui pourront être peinibles, ſe priver de la faculté de bien des actes agréables, & qui même rapporteraient quelquefois des avantages perſonnels, au moins apparens. On ne peut plus vivre pour ſoi, mais pour coopérer au bien général & pour le partager.

IL ſerait ſans doute bien doux de pouvoir n'être ſoumis qu'à une forme de Gouvernement qui fut examinée & approuvée par tous les membres de l'Etat. Il ne devrait pas y en avoir d'autres, ſi tous les hommes étaient aſſez juſtes & aſſez éclairés pour ſentir leurs véritables intérêts, pour connaître que l'avantage de chacun eſt indiſſolublement lié à l'avantage de tous, pour ſavoir où commence le ſacrifice que nous devons faire de nous mêmes à l'Etat. Mais les hommes ſont bien éloignés de cette perfecsection. Ils tomberaient dans un malheur extrême, si on leur laissait le choix de la maniere dont ils voudraient être heureux.

Non sans doute, rien ne serait plus funeste à tous les Citoyens qu'un Gouvernement dont tous auraient la réglé constitution. Ou plutôt, chacun voulant tirer à soi tous les avantages, & tous se barrant sans cesse, ils ne parviendraient pas même à établir une forme de Gouvernement monstrueuse.

Quelle est la meilleure des formes de Gouvernement connues? Question inutile, puisqu'il faut se soumettre à la législation de l'Etat dans lequel on recueille les fruits de la Société.

Question dangereuse, qui ne peut qu'inspirer le désespoir & la haine de la Patrie à ceux qui ne sont pas nés dans un Etat dont le régime se rapporte au systême qu'ils se sont formé.

Tous les Gouvernemens ont leurs avantages & leurs inconvéniens, qui ne pourront jamais être balancés avec assez de précision pour établir entr'eux des motifs certains de préférence.

D

CHACUN d'eux eſt mélangé de quelques-unes des qualités des autres. Ces Conſeils, ces Cours Suprêmes qui ſe trouvent dans les États Monarchiques, & dont les déciſions l'emportent preſque toujours ſur la volonté iſolée du Monarque, les rapprochent de l'Ariſtocratie.

PAR l'aſcendant d'un Magiſtrat, une Ariſtocratie tient quelquefois du Deſpotiſme.

QUANT aux Démocraties, il n'y en a, peut-être, jamais eu. L'aſcendant de quelques familles, ou celui d'un Particulier, les a toujours changées en Ariſtocraties ou en véritables Monarchies.

TOUT Etat a ſes tems de maladie & de ſanté. On en conſidere un dans le moment de ſa plus grande vigueur, on examine ſa conſtitution, & l'on décide que ſon régime eſt le plus convenable aux aſſociations humaines. Bientôt cet Etat dépérit parce qu'il faut que tout paſſe: un autre devient floriſſant avec une légiſlation contraire, & les penſeurs oiſifs font de nouveaux raiſonnemens.

La ſplendeur de quelques Etats de l'Aſie dut perſuader autrefois que les hommes ne pouvaient être bien conduits que par le sceptre d'un Despote. Les beaux jours de la République Romaine firent donner la préférence au Gouvernement de plusieurs. La puissance de la Maison d'Autriche, celle de Louis XIV ont prouvé de même qu'il n'y a point de meilleur régime que la Monarchie.

Les corps politiques sont trop vastes & trop compliqués, pour qu'on puisse connaître le siege des maux qui les attaquent & qui sont toujours répandus dans un si grand nombre de parties. De subtils Spéculateurs en recherchent les causes & produisent sur ce sujet les plus ingénieuses & les plus vaines conjectures.

Je ne connois rien de plus sage que le sentiment de Montaigne : ,, La nécessité, dit-il, ,, compose les hommes & les assemble. Cet-,, te couture fortuite se forme après en loix.... ,, Certes, toutes ces descriptions de police ,, feintes par art se trouvent ridicules à met-,, tre en pratique. Ces grandes & longues al-,, tercations de la meilleure forme de Société ,, & des regles plus commodes à nous attacher, ,, sont altercations propres seulement à l'e-,, xercice de notre esprit . . . . . Telle pein-

,, ture de police ferait de mife en nouveau
,, monde ; mais nous prenons un monde déja
,, fait & formé à certaines coutumes. Par quel
,, moyen que nous ayions loi de le redreffer &
,, ranger de nouveau ; nous ne pouvons gue-
,, res le tordre de fon accoutumé pli, que nous
,, ne rompions tout . . . . Non par opinion,
,, mais en vérité , l'excellence & meilleure po-
,, lice eft à chacune nation celle fous laquelle
,, elle s'eft maintenue. - La forme & commo-
,, dité dépend de l'ufage. Nous nous déplai-
,, fons volontiers de la condition préfente : mais
,, je tiens pourtant que d'aller défirant le com-
,, mandement de peu en un Etat Populaire ,
,, ou en la Monarchie une autre efpéce de Gou-
,, vernement, c'eft vice & folie . . . . Quand
,, quelque pièce fe dérange, on peut l'étayer ;
,, on peut s'oppofer à ce que l'altération &
,, corruption naturelle à toutes chofes ne nous
,, éloigne trop de nos commencemens: mais
,, d'entreprendre à réfondre une fi grande mas-
,, fe & à changer les fondemens d'un fi grand
,, bâtiment, c'eft à faire à ceux qui, pour dé-
,, craffer, effacent ; qui veulent amender les
,, défauts particuliers par une corruption uni-

„ verselle & guarir les maladies par la mort …
„ Toutes ces grandes mutations ébranlent l'E-
„ tat & le désordonnent.''

Pour nous, nous parlons à tous les hommes &, quelles que soient les institutions du
corps social dont ils sont membres, nous les
exhortons à la paix, nous les engageons à respecter l'ordre de la Société dans laquelle ils
se trouvent placés & non pas à y porter le trouble en s'élevant contre les loix auxquelles leur
naissance ou leur vie actuelle les soumet.

Que de maux se préparent les Peuples qui
se soulevent contre le pouvoir qui les domine!
Par quels flots de leur sang ils effaceront les
loix dont ils se plaignent! Le pouvoir contre
lequel ils réclament, ne pourra être enseveli
que sous leurs cadavres déchirés.

Il est arrivé de plus grands malheurs, bien
plus de sang a été répandu par la révolte des
Peuples que par la tyrannie des Souverains.

L'infidélité, le soulevement des sujets
a souvent appellé l'horreur & la mort sur d'im-
menses contrées.

Avant que les hommes connussent les vrais
principes du Gouvernement, ils regarderent
D 3

comme vertueux les meurtriers des princes qui leur avaient déplu. Mais il est bien rare & bien difficile que les meilleurs Souverains puissent longtems être généralement aimés de leurs Peuples. Ce n'est qu'après leur mort qu'on rend justice aux dépositaires de la Suprême Puissance. Ils avaient donc à craindre sans cesse le fer d'un assassin qu'une gloire sure attendait, & qui recevait les actions de grace d'une partie de ses Concitoyens pour avoir donné la mort au tyran. La crainte rendait farouches & cruels des Princes qui, peut-être, auraient été justes, s'ils avaient régné sans défiance. Des flots de sang coulaient à leurs moindres soupçons, & les Peuples étaient plongés dans tous les maux affreux qui accompagnent les mutations de regne fréquentes & forcées. Tant de calamités les ramenèrent enfin à des principes plus sages : l'utilité publique parla plus haut que les passions de ceux qui pouvaient gagner au changement, & l'intérêt général fit regarder justement les Rois comme sacrés & leurs meurtriers comme parricides. Rejettons avec horreur toute maxime séditieuse dont la conséquence serait de nous ramener à notre premier aveuglement.

LA fidélité eſt donc la premiere vertu des ſujets, puiſqu'elle eſt très utile à leur aſſociation; puiſque leur infidélité doit attirer ſur eux les plus grands maux. Quelque ſoit le pouvoir qui les dirige, qu'ils y reſtent ſoumis. Qu'ils reſpectent la forme de Gouvernement ſous laquelle ils vivent. S'il eſt juſte, s'il eſt bien tempéré, la Société eſt heureuſe. Elle peut ſouffrir ſous quelque Gouvernement que ce ſoit, & ce qu'on appelle une Démocratie, peut être elle-même la plus cruelle tyrannie.

TREMBLEZ cependant, Tyrans oppreſſeurs. La voix du ſage exhortera toujours à la patience les peuples irrités. Mais le ſentiment de leurs maux peut l'emporter enfin ſur les cris de la ſageſſe. Puiſſe du moins une juſte terreur vous accompagner ſans ceſſe! Puiſſe le fer vengeur briller toujours à vos yeux épouvantés, vous pourſuivre, vous faire trembler au milieu de vos flateurs & de vos plaiſirs; puiſſe l'inutile remords porter la rage & le déſeſpoir dans vos cœurs à vos derniers momens & que vos noms odieux ſoient en exécration à la derniere poſtérité.

D 4

Mais, O Citoyens, n'oubliez jamais qūe la Société eſt auſſi cruellement déchirée par le brigandage des factions que par les fureurs de la tyrannie.

C'eſt une communauté d'avantages réciproques qui conſtitue une aſſociation réguliere. Mais elle ne ſuppoſe pas la parfaite égalité.

CHAPITRE VII.

Egalité.

Qu'eſt-ce en effet que cette égalité réclamée ſi ſouvent? Une vaine chimere inventée par le pauvre & par le faible, qui porte envie à l'homme riche & puiſſant qu'il croit plus heureux que lui. Cependant ce mortel ſi envié ſe retire, peut-être, pour verſer des larmes, au fond de ces riches appartemens, où l'or qui brille de toutes parts ne ſaurait le conſoler.

Il y a pour toutes les conditions une dôſe à peu-près égale de plaiſir & de douleur: voilà notre égalité.

L'égalité n'eſt point dans la Nature. Rien ne ſe reſſemble, rien n'eſt égal.

PEIGNEZ-VOUS un long spectacle d'objets toujours semblables: l'œil en sera bientôt fatigué. Figurez-vous une grande Société d'hommes parfaitement égaux: il y régnera une inertie pire que la mort.

CONSIDEREZ une famille. Le Pere a sur ses enfans une supériorité qui tient de l'empire: l'expérience, les qualités acquises dès aînés les eleveront au dessus des enfans qui sont nés après eux: quelquefois la supériorité de l'esprit dérange cet ordre, mais sans rétablir l'égalité.

COMMENT si elle n'existe pas dans une famille, voudriez-vous la retrouver dans un vaste Etat?

EST-CE un partage égal de richesses que l'on desire?

MAIS n'est-il pas injuste de toucher aux possessions, quand on n'en peut pas prouver légalement l'illégitimité? L'assurance des propriétés est une des causes de l'union sociale, & un de ses plus fermes appuis. Une inquisition même trop sévere sur l'origine & la validité du droit des possesseurs, paraîtrait moins un acte de justice que de tyrannie & entraî-

nerait en effet mille injustices, mille extorsions.
On serait effrayé des maux qu'accompagnerait
l'opération téméraire du partage égal des biens.

CEPENDANT exécutez ce partage, distri-
buez également les terres.　Vous verrez la Nature elle-même se révolter contre ce vain ef-
fort, le combattre, l'équilibre se rompre bientôt, & revenir, après une courte succession de
tems, la grande richesse & la misere.

QUOIQUE les hommes ne soient ni physi-
quement, ni moralement égaux, il y a cependant entr'eux un titre d'égalité: c'est qu'ils
sont hommes.　D'ailleurs celui qui a moins de
force a souvent plus d'industrie; celui qui a
moins de fortune, a plus de vertus.

IL serait injuste de concevoir du mépris pour
celui qu'on regarderait comme son inférieur;
car c'est une cause qui regarde l'homme de trop
près pour qu'il y puisse être juge, & sa vanité le séduirait, peut-être, quand il prononce-
rait sur sa propre supériorité.

HOMME riche, est-ce la pauvreté que tu
méprises ?　Peux-tu prévoir les revers qui
t'attendent ?　Il ne tient qu'à la fortune de te
rendre demain méprisable.

D'où naît ton orgueil? Tes richeſſes t'ap-
partiennent. Mais ſont-elles toi-même? te
donnent-elles quelque vertu? Ajoutent-elles
à tes lumieres? Quand une tonne remplie d'or
eſt une fois vuidée, elle n'eſt plus qu'un meu-
ble vil qu'on va peut-être remplir d'immondi-
ces. Et toi, ſi l'on te ſépare de tes biens, que
feras-tu? Que te reſtera-t-il? Oſeras-tu te
comparer à cet artiſan, à ce manœuvre qu'à
préſent tu dédaignes? Conſentira-t-il à te reconnaître pour ſon égal? Non ſans doute; il
ſait lui-même te ſoutenir, il eſt utile, & toi,
tu ne ſeras qu'un vain fardeau de la Société.
Va Midas n'en était pas moins un ſot, pour
cacher ſes oreilles d'âne ſous un bonnet de
brocard.

MALHEUREUX! Celui pour qui tu af-
fectes d'injuſtes dédains te mépriſe dans le fond
de ſon cœur. Mais il te reſpecterait, peut-
être, s'il connaiſſait en toi des ſentimens d'humanité.

LE Général d'armées, le Magiſtrat, le Philoſophe, le Savant n'ira pas, ſans doute, contracter une liaiſon particuliere avec un petit
marchand ou un ouvrier qui n'exerce qu'un art

groſſier. Il faut dans la Société habituelle des rapports de ſentimens, de vues, de connaiſſance, même de politeſſe qui ne ſe trouvent point entre des hommes dont les profeſſions ont ſi peu de conformités. La franchiſe groſſiere du pauvre, s'accorderait mal avec la fauſſeté polie du riche: la naïve impéritie de l'homme du peuple ne conviendrait pas à l'érudite ignorance du ſavant: les ſimples préjugés d'un bon marchand, ne ſont pas les préjugés réfléchis d'un Philoſophe. Que chacun cherche donc ſes ſemblables, mais ſans mépriſer les autres.

LA diſtinction d'Etats vils & d'Etats honnêtes eſt odieuſe & inſultante pour un grand nombre d'hommes eſtimables.

CICÉRON prétend que la petite marchandiſe eſt honteuſe, mais que le gros commerce n'eſt pas mépriſable. Ainſi de tout tems les riches ont été compris dans le nombre des honnêtes gens.

TOUTE profeſſion utile, toute profeſſion dans laquelle on ne fait pas de mal à ſes concitoyens, eſt honnête.

LE commerce eſt utile aux Particuliers & enrichit l'Etat. Il eſt donc honnête aux mar-

chands de faire le commerce en proportion de
de leurs facultés, bornées ou étendues. C'est
sur leur probité qu'on doit les juger & non pas
sur leurs richesses.

LES vertus, les talens utiles mettent seules
entre les Citoyens une véritable différence.

CEUX qui remplissent les grandes places de
la République doivent être respectés, comme
chargés d'une portion de la puissance gubernatrice, comme membres de cette puissance. Mais
ils doivent s'attendre à être jugés, comme hom-
més, par leurs qualités personnelles.

ON doit aux Grands des marques extérieures de respect: mais les Grands s'accoutument
trop à croire que les Petits ne font rien. Peu
d'entr'eux reconnaissent le prix du mérite, qui
se trouve le plus souvent dans la classe mitoyenne: mais cette classe mitoyenne connaît
bien le néant de la grandeur idéale.

LES Grands ne veulent avoir rien de commun avec les hommes d'un Etat médiocre, pas
même ce qui pourrait les rendre estimables.

AU reste il est dans tous les pays des diffé-
rences de rang & il ne faut pas les mépriser.
Tous ces égards qu'on accorde aux dignités,

à la naiſſance, aux richeſſes ſont bien ſans conſéquence. L'homme qui en jouït n'y a aucune part, & l'on ne rend ces vains hommages qu'à des choſes qui ne ſont pas lui. Ce ſont de petites conventions établies dans les Sociétés & qui ne ſont méconnues que par des hommes groſſiers ou par de petits eſprits qui croient par là s'ériger en ſages.

LE vrai ſage ſouvent mépriſera un ſot decoré de la grandeur ; mais il rendra toujours extérieurement ce qu'il doit à la dignité, parce que, s'il doit s'élever contre les uſages dangereux, il ſait qu'il faut ſe ſoumettre aux coutumes indifférentes.

IL ſemble que c'eſt ſous ce point de vue qu'on peut conſidérer l'égalité parmi les hommes. Mais ce qui contribue le plus à rendre les Citoyens égaux entr'eux, c'eſt de vivre ſous la protection des mêmes Loix.

CHAPITRE VIII.

Loix.

LES Rois injuſtes firent deſirer de juſtes Loix. Elles ſont les mêmes pour tous ; elles né font fujettes ni à la féduction ni au caprice.

QUELQUEFOIS des Rois fages & vertueux facrifièrent au bien public une partie de leur puiffance, s'enchaînèrent eux-mêmes par les liens de l'équité & devinrent légiflateurs.

AVANT qu'aucune loi eût été portée, celui qui en tua un autre fut un fcélérat digne de mort & condamné par la loi naturelle, qui lui défendait d'attenter à la vie de fon femblable, puifque lui-même défirait qu'on refpectât la fienne.

AVANT que la Société fe fût formée, avant la convention des propriétés que cette affociation rendit néceffaire ; celui qui fe nourrit du fruit du premier arbre qu'il rencontra, ne fit que fatisfaire juftement au befoin de la Nature.

MAIS depuis que la Société eft établie, & que, par une fuite néceffaire de fa conftitution, elle a dû affigner des poffeffions, à fes membres, celui qui ofe attenter à ces poffeffions eft criminel. Il mérite d'être puni de la maniere que la Société juge la plus convenable au maintien d'un ordre qui compofe fon effence.

Les loix de convenance, autrement nom-
mées Loix civiles, font des décrets émanés du
Gouvernement, qui prefcrivent aux Citoyens
ce qu'il leur eft ordonné de faire, ce qu'il leur
eft défendu de fe permettre.

La loi n'a pas befoin, pour obtenir toute
fa force, d'être approuvée par tous les Citoyens. On en a déja dit la raifon, en parlant
du Gouvernement. Il fuffit qu'elle foit éma-
née de ceux en qui le Peuple reconnaît le droit
de la promulguer.

Une loi eft bonne, qui eft utile au Public,
quoiqu'elle puiffe léfer des Particuliers, lorfque le bien qu'elle opere, ne pourrait pas en
réfulter de même, fans cette léfion particuliere.

Ce ferait une loi condamnable, que celle
qui léferait des Individus, fans être utile à la
Société.

Mais que faudrait-il dire d'un Légiflateur
qui blefferait le corps focial, pour le feul a-
vantage de quelques membres? Ne reffemble-
rait-il pas à un homme qui prendrait les fondemens de fa maifon, pour conftruire des ornemens aux combles?

Au

Au reste, quand le Gouvernement se trompe, ce n'est souvent qu'une longue expérience qui peut apprendre qu'il s'est trompé.

Une loi avantageuse à l'association générale, mais qui fait souffrir un individu, est toujours condamnée par cet individu, & par ceux qui lui sont attachés, quoiqu'elle soit utile à lui-même en effet, puisqu'elle l'est à tout le Corps politique.

Celui qui est gêné dans ses desirs par une loi, se plaint de cette loi. Il se plaindrait encore bien d'avantage, si on laissait un libre cours aux desirs effrénés de ses Concitoyens.

Une loi qui ordonne une réforme nécessaire, ne sera jamais approuvée par celui dont cette réforme dérange le bien-être.

Une loi qui n'est point inspirée par la justice, qui ne tend pas à l'intérêt social, qui n'est dictée que par la puissance, n'est pas une véritable loi. Ce n'est qu'un acte de caprice ou de tyrannie.

Citoyens, lorsque la Société dans laquelle vous vivez, s'est longtems soutenue avec un certain système de législation, croyez qu'il lui est convenable. Ne méprisez point votre

Patrie, parce que vous en entendez cenfurer la Légiflation, parce que des rêveurs profonds confeillent de la changer.

Un tems de réforme eft un tems de crife ; toute crife eft dangereufe, on ne fait pas quelle en fera la fin. Lé corps fouffre par un changement de régime ; on veut augmenter fa force & l'on rifque de lui donner la mort. Toute loi ancienne eft facrée ; on ne peut y toucher que d'une main tremblante. Elle peut être défectueufe, & cependant être analogue à la conftitution du Corps qui l'a reçue.

Un homme fain doit fe tenir à fon régime ordinaire : une Société vigoureufe doit conferver fes mêmes loix. Ce n'eft que dans les maladies qu'il faut recourir aux remedes, parce que tout remede eft un mal.

Figurez-vous un architecte qui, peu content de la conftruction de Paris ou de Londres, propoferait de les détruire. Vous aurez une jufte idée de quantité de livres écrits pour la réformation de la Société. Encore la plupart de leurs Auteurs veulent-ils abattre des Palais pour élever des chaumieres.

Q u'ils écoutent ce que Montaigne semble leur avoir adreſſé. Ils ne le regarderont pas, peut-être, comme un homme à petits préjugés.

„ I L eſt bien aiſé, dit-il, d'accuſer d'im-
„ perfections une police, car toutes choſes hu-
„ maines en ſont pleines. Il eſt bien aiſé d'en-
„ gendrer à un peuple le mépris de ſes an-
„ ciennes obſervances. . . . Mais d'y rétablir
„ un meilleur état en la place de celui qu'on
„ a ruiné, à ceci pluſieurs ſe ſont morfondus
„ qui l'avaient entreprins. . . . . . Je me laiſ-
„ ſe volontiers aller à l'ordre public du mon-
„ de. Heureux Peuple, qui fait ce qu'on
„ commande mieux que ceux qui commandent
„ ſans ſe tourmenter des cauſes! qui ſe laiſſe
„ mollement rouller après le roullement cé-
„ leſte!

S a g e Montaigne, on en ſait à préſent bien plus que toi. Les uns veulent qu'il n'y ait que des laboureurs: les autres veulent qu'-on ne laboure même pas, parce que le travail des terres eſt un commencement de déprava-tion: d'autres conſeillent de ſonger prompte-ment à diminuer la population, pour ſe met-tre plus en état de réſiſter aux ennemis. Heureux Montaigne, que n'a-t-on conſervé ton ignorance !

CHAPITRE IX.

Contrat Primitif.

PLUSIEURS Ecrivains ſuppoſent un Contrat Primitif par lequel les Peuples ſe ſont reſervé le droit de s'oppoſer au Souverain, quand il abuſe de ſon autorité.

MAIS quel eſt le point où doit ceſſer la ſoumiſſion du Peuple & où l'autorité commence à être abuſive ?

CE Contrat ne me ſemble propre qu'à entretenir entre les Souverains & les Peuples un procès éternel, dont ceux-ci payeront preſque toujours les dépens.

QUI a vu l'original de ce Contrat ? Qui a pu le paſſer ? Qui a eu le droit de me repréſenter avant que j'exiſtaſſe ?

LES Rois ſont obligés d'être juſtes ; mais ce n'eſt pas pour obſerver les conventions d'un pacte qui n'a jamais exiſté. Le devoir des Rois leur eſt dicté par leur propre intérêt plus fort que tous les Contrats. Le bonheur des

Peuples fait le bonheur, la puiſſance, la gloire & la ſûreté des Souverains.

Le devoir de la fidélité des Sujets n'eſt pas
non plus appuyé ſur une promeſſe qu'ils n'ont
pu faire avant que d'exiſter & que perſonne n'a
pu faire pour eux: mais ſur le plus fort des engagemens, ſur celui de conſulter l'avantage de
la Société. Elle ne peut ſubſiſter qu'à l'abri
du Gouvernement, lequel à ſon tour ne peut
ſe maintenir que par l'obéiſſance des Sujets.

CHAPITRE X.

Juſtice.

Le Gouvernement le plus éclairé,
ne ſaurait connaître aſſez toutes les actions des
Citoyens, pour arrêter tous les actes d'injuſtice. Il eſt des détours obſcurs, des pratiques ſombres, des moyens de chicanne, par
leſquels on peut ſe ſouſtraire à l'animadverſion
des Loix.

Toutes les Loix portées pour faire obſerver la juſtice, n'ont pu être promulguées
que pour l'utilité publique. Chaque Citoyen
doit ſe comporter avec tant de vertu, doit ten-

dre si directement au bien général dans toute
sa conduite, que les loix semblent inutiles. Il
doit avoir l'ame aussi pure qu'elles.

Tout homme doit se rendre tel qu'il souhaite de trouver ses semblables. Il doit être
juste, puisqu'il desire de n'être entouré que
des amis de l'équité.

Celui qui est assez adroit pour s'emparer
subtilement & sans se compromettre des biens
de son voisin, ne doit-il pas craindre sans cesse que quelqu'autre scélérat, aussi adroit que
lui, ne ravisse toute sa fortune ?

Ce qui cause un des grands maux de la Société, c'est que les uns sont occupés à dresser
des embuches & les autres à s'en garantir, souvent même à tous les deux à la fois.

Chacun est intéressé à la conservation de
ses biens; chacun l'est donc à la sûreté des
biens de tous, puisque c'est la sécurité générale qui fait celle des Particuliers.

De même, dit Cicéron, que si, dans le
corps, chaque membre pensait à augmenter sa
vigueur, en tirant à lui la force du membre
voisin, il faudrait bientôt que le corps entier
s'affaiblît & mourût: ainsi lorsque chacun vou-

dra s'emparer des avantages des autres & les
leur ravir, pour en profiter, la Société humaine sera bientôt renversée.

LES conventions, les engagemens par lesquels un homme prête pour retirer, répand
pour recueillir, ou donne son tems & sa peine
pour en recevoir un prix conforme à l'estima-
tion qu'il en a faite & qui a été convenue,
sont des objets sacrés qui forment un des prin-
cipaux liens de l'union politique.

CELUI qui refuse de satisfaire à ses engagemens, quels qu'ils soient, pourvû qu'ils ne
soient pas contraires à l'honnêteté ni à l'intérêt social, est un Citoyen atroce, qui trouble
l'ordre de l'association & mérite d'en être rejetté.

LA feinte, la dissimulation, tout ce qui peut
induire en erreur celui avec lequel on contracte,
est une injustice plus criante que si elle étoit
commise à force ouverte, puisqu'il reste moins
de moyens de s'en garantir.

LE méchant sacrifie le bonheur solide du témoignage de sa conscience, au plaisir de jouïr
de quelques biens, qui demain, peut-être, lui
seront enlevés. C'est faire un marché de dupe.

Quel bonheur reste-t-il à celui qui ne peut s'estimer lui-même ? Le plaisir d'être juste ne se perd qu'avec la vie.

Si les richesses rendaient toujours heureux, on serait tenté de pardonner aux fripons. Mais il se verse plus de larmes sous les lambris dorés, que sous les toits converts de chaume.

A ne consulter que la prudence, c'est toujours faire une sotise que d'être malhonnête homme. Il est bien rare que les mauvaises manœuvres ne se découvrent pas enfin. Cette découverte empoisonne les jours de leurs auteurs.

Que de soins, que de peines, que de travaux de corps & d'esprit pour couvrir une mauvaise action d'un voile qui se déchire toujours. La vertu est pour l'honnête homme un oreiller bien doux, &, s'il a tout perdu, sa propre estime lui reste & le console.

Comme il est juste de défendre ses biens, & qu'il n'en est point de plus précieux que l'existence, on peut avoir le droit de donner la mort pour conserver sa vie. Cette loi de la Nature s'accorde encore avec l'intérêt général, puisque la Société serait infestée de brigands, s'ils étoient fûrs de n'avoir à immoler que des victimes fans réfiftence.

Ainsi quand nous ne pouvons à l'inftant obtenir l'appui du Gouvernement, nous devons nous fecourir nous-mêmes & frapper notre ennemi. Mais s'il eft terraffé, ou s'il prend la fuite, comme il n'y a plus pour nous de peril, ce n'eft pas à nous, c'eft au Gouvernement à nous venger. Car il eft utile que le même homme ne puiffe pas être à la fois le vengeur & l'offenfé, l'accufateur & le juge. Il faut, pour démêler ce qui eft jufte, un œil plus fûr que celui d'un homme paffionné.

La peine du coupable eft due à l'utilité publique & non pas à la vengeance d'un Particulier. Elle n'eft pas ordonnée pour le faire jouïr du tourment d'un malheureux, & pour lui faire gouter un plaifir atroce, à la vue des tourmens de fon femblable.

La peine doit être proportionnée au crime. Un cœur ulcéré ne garderait pas de mefure dans fa vengeance. D'ailleurs un ennemi ferait toujours coupable ; mais les loix n'ont point d'ennemi, & leurs dépofitaires doivent recevoir fans paffion les défenfes de tous les accufés. Tranquilles, comme la Divinité même, la colere ne doit jamais troubler la férénité de leur front, &, fi leur bouche, organe de l'équité, prononce les arrêts les plus féveres, c'eft le crime qu'ils puniffent, mais fans haïr le criminel.

Si le Magiftrat ouvre fon cœur à la haine, s'il voit avec indignation l'accufé dont il tient le fort dans fes mains; qu'il tremble de donner fa voix. Il ne peut plus être juge, puifqu'il devient ennemi.

CHAPITRE XI.

Religion.

Il femble que ce foit ici le lieu de parler de la Religion, puifqu'elle tient par-tout au Gouvernement & qu'elle eft liée au fyftême politique de la Légiflation. Elle doit être dans les mains de la puiffance gubernatrice & ne doit tendre qu'à affermir les Citoyens dans leurs devoirs. Alors elle fait partie de ces mêmes devoirs & eft néceffaire à l'Etat Social.

Toutes les Religions font fondées fur la croyance d'un Dieu, toutes ont pour but l'a-

vantage des hommes. Tout temple eft refpectable; c'eft une enceinte où ils fe raffemblent
pour rendre hommage au Créateur, où ils
croient fentir fa préfence plus immédiate; où ils
s'embrâfent d'une reconnaiffance plus vive pour
celui qui leur donna, qui leur conferve l'e-
xiftence, où ils fe fentent faifis d'une fainte horreur qui les écarte du crime en leur repréfen-
tant la colere d'un Dieu vengeur; où leurs
cœurs fe dilatent & s'ouvrent à un attendrif-
fement qui les difpofe à l'humanité.

OUVRAGE du même Dieu, tous les hommes le reconnaiffent. Toutes leurs Religions
confiftent dans l'adoration de l'Etre Suprême.
Il s'eft manifefté à eux par fes œuvres; ils n'ont
pas fermé les yeux à la lumiere de cette révélation générale. Les paffions ont entraîné bien
des hommes vers le crime; l'erreur les a fouvent aveuglés: mais nul n'eft impie dans fon
cœur. Connaître un Dieu & s'élever contre
lui, refufer de l'adorer, ce ferait là l'impiété: mais c'eft un fentiment atroce qui n'entre pas dans le cœur humain. Tous les hommes ne rendent pas à Dieu le même culte;
mais tous ceux qui le reconnaiffent, lui ren-

dent le culte qu'ils penfent devoir lui plaire. Ils n'ont qu'une même penfée, un même desfein, un même defir : & ils fe perfécutent !

La croyance d'un Dieu eft le plus fort lien qui uniffe les hommes entr'eux. C'eft par elle que tant de Sociétés, féparées par les opinions dogmatiques, ont encore un nœud puiffant qui les enchaîne les unes aux autres.

Les hommes tiennent fi faiblement à la vertu, ils font fi fortement attachés à leurs intérêts, & tellement aveuglés fur leurs véritables avantages, qu'il femble qu'on doive trembler de fe trouver au milieu d'eux. Mais on fait qu'ils croient un Dieu rémunérateur & vengeur, & cette idée retient dans la Société l'homme effrayé, prêt à fuir loin de fes femblables.

Je crois fentir en moi-même les preuves de l'exiftence de Dieu gravées en traits profonds que je ne pourrais effacer. Ce fentiment ne me femble gueres plus féparable de moi, que celui de ma propre exiftence. J'accorde pour un inftant que la Nature, par les combinaifons infinies du mouvement, ait pu devenir l'auteur de mon organifation. Je veux la reconnaître.

dans la création de ces insectes, machines disposées pour la formation d'ouvrages toujours admirables, mais toujours les mêmes: je reconnaîtrai même son pouvoir dans la vaste architecture de l'univers, dans l'harmonie de ces globes terrestres où enflammés, toujours mus dans l'immensité de l'espace & suivant des loix toujours constantes: mais moi, je pense. Des combinaisons fortuites ont-elles pu donner à la matiere la faculté de penser? Je ne suis point maître de composer mes idées. La plus grande contention de mon cerveau, ne me peut faire naître aucune pensée (*) qui paraisse

(*) Il est certain que l'homme ne peut former aucune pensée à son choix. Je puis rêver, me recueillir, chercher des idées; j'en trouverai même: mais je ne pourrai pas dire que j'ai trouvé celle que je cherchais. En effet, pour la chercher avec choix, il fallait que je la connusse, qu'elle fût présente à mon esprit, & dès lors je n'avais pas besoin de la chercher. On ne peut faire un choix de ce qui n'existe point encore. Or la pensée qui va naître dans mon cerveau, n'a encore pour moi aucune existence. Elle est seulement au rang des choses possibles. Il faudra que je la reçoive telle qu'elle me

due à ma volonté. Elles me viennent par inspiration: c'est Dieu qui me les donne, elles m'élevent jufqu'à lui & me font un témoin de fon exiftence.

COMMENT la Nature m'a-t-elle donné l'intelligence, fi elle n'eft point intelligente? Comment l'effet fera-t-il fi différent de ce qui le caufe? Mais fi elle eft intelligente, elle eft Dieu.

SI la Nature eft aveugle, elle a produit fans deffein fes ouvrages admirables. Si l'on fuppofe un deffein, on fuppofe une penfée & par conféquent un Etre intelligent, un Dieu.

fera offerte. Ainfi l'homme qui réfléchit cherche une penfée quelconque, & non pas telle penfée. Si celle qui lui furvient eft bonne, c'eft avec raifon qu'on l'appelle une idée heureufe, parce qu'elle femble due à un hazard favorable.

Dépend-il de moi de vouloir trouver une penfée, même indéterminée? Non, fans doute. Car cette volonté elle-même eft une idée qui m'eft venue fans rien devoir à mon choix, puifque je n'ai pu la choifir avant qu'elle exiftât. Il ferait abfurde de dire qu'on a *voulu vouloir* penfer.

Sɪ une penſée n'a point ordonné, ne dirige point, n'anime point le Grand Tout, quelques-unes des parties de ce Tout lui feront ſupérieures. Car moi qui penſe, je puis, ſans trop d'orgueil, me regarder, par ma penſée ſeule, comme ſupérieur à la Nature inintelligente. En effet un Etre penſant, fut-ce un atome, l'emporte ſur un être privé de la penſée, quelqu'énorme qu'il ſoit.

Dᴇ bonne-foi, quel homme voudrait être le Soleil, ou même le ſyſtême complet de tous les ſoleils & de tous les mondes poſſibles?

Sɪ l'on dit que l'homme eſt un Etre matériel, qui doit le ſentiment & la penſée à une certaine modification qui lui eſt propre, à ſon organiſation, aux combinaiſons particulieres de matieres qui ſe trouvent en lui : il reſtera toujours à demander ſi l'on comprend bien ce que c'eſt qu'une combinaiſon de matieres qui penſe, & comment une organiſation peut penſer. C'eſt produire un effet pour une cauſe; c'eſt expliquer l'inconnu par l'inconnu, l'obſcur par le plus obſcur. Il ne nous eſt pas donné de concevoir ce que c'eſt que l'Etre Suprême, ni par quel moyen ſa toute-puiſſance fait influer l'efprit inétendu, fur la matiere étendue. Mais conçoit-on mieux ce que c'eſt qu'une modifi-cation qui donne la penſée, qu'une cauſe dé-nuée de raiſon, qui donne le pouvoir de rai-ſonner ?

QUELLE grande, quelle ſublime idée que celle d'un Dieu maître, auteur, & conſerva-teur d'un immenſe univers & de mondes in-nombrables ! d'un Dieu qui embraſſe toute la Nature & tous les tems, & dont la vengean-ce ſûre attend le ſcélérat tranquille dans le cri-me ! Quelle idée touchante, que celle d'un Dieu pere de tous les hommes, d'un Dieu bon, d'un Dieu qui récompenſe, derniere conſola-tion du malheureux que lui ſeul peut conſoler ! d'un Dieu devant qui toute grandeur eſt af-faiſſée, devant qui tous ſont égaux, l'oppreſ-ſeur qui l'offenſe & l'opprimé qui l'implore ; le riche dont le cœur ſe ferme à la pitié, & le pauvre qui attend l'homme dur au tribunal de l'Eternel.

LA Religion ſoutient l'infortuné ; lAthéiſ-me laiſſe l'ame dans la ſécherefie, livre le mal-heureux au déſespoir, & ne lui préſente d'au-tre ſoulagement que la mort.

Si

Si cependant il eſt un homme tranquille &
vertueux que nous ſoupçonnions d'Athéiſme ;
ſi même il nous a fait confidence de ſes ſentimens ſecrets ; gardons-nous de le haïr. Con-
ſidérons-le comme un homme qui s'égare, que
nous devons remettre dans ſon chemin, mais
que nous ne devons pas frapper, parce qu'il
s'eſt trompé ſur ſa route. Ayons pitié d'une
erreur qui lui ôte toute conſolation pour une
autre vie dans les maux dont celle-ci eſt ſe-
mée. Voyons en lui un exemple de la faibles-
ſe de nos lumieres, regardons-le comme un infortuné, & aimons-le encore d'avantage. Car
la premiere loi, la loi fondamentale de la Société, eſt de s'aimer les uns les autres.

Si telle doit être notre indulgence pour une
erreur qu'on regarde comme le plus fatal éga-
rement de l'eſprit ; que dirons-nous de ces ſa-
vans qui, ayant abandonné les dogmes révérés
par leurs peres, manquent à cette même indulgence pour ceux qui les ont conſervés ? Pourquoi mépriſent-ils ceux qui ne penſent pas
comme eux ? Pourquoi les perſécuter, en quelque ſorte, par l'outrage, par le dédain, par
ces noms odieux d'eſprits faibles, de fanati-

ques, d'imbécilles? Hélas! tous les hommes penfent différemment. Leurs idées font auffi variées que leurs traits. Quel eft celui qui a raifon? Que les bornes de notre efprit font étroites! que notre raifon eft faible! Quelle eft l'obfcurité de nos lumieres! Il femble que nos bouches ne foient que des organes d'erreurs. Nous ne favons rien, hors de nous, en nous-mêmes. Nous nous fommes tous trompés, nous nous tromperons encore: & nous avons de l'orgueil! Ah! loin de nous cette petitesfe, qu'on nomme vanité, qui fait que nous méprifons, & qui nous rend méprifables.

ENVAIN, pour prix de nos fatigantes études & fouvent de nos erreurs, ufurpons-nous le titre de Philofophes. Nos études font vaines, notre Philofophie eft trompeufe, nos travaux opiniâtres nous ont pris & nous laiffent dans l'ignorance.

RESPECTONS les hommes religieux. Mais quand pourra-t-on les arracher à ces fuperftitions dangereufes & deftructives, qui, fous des noms facrés, ont fait régner le crime fur la terre? Ici des hommes font immolés à la Divinité; là de vaftes pays font dépeuplés, les

fers font aiguifés, les gibets, les buchers font
élevés au nom de Dieu: là des femmes fe brû-
lent fur les reftes inanimés de leurs époux: &
le culte, qui doit être utile à la terre, ne parait établi que pour la défoler. Il femble que
ce ne foit que par la deftruction qu'on puiffe
rendre hommage au Créateur, & que le fpectacle le plus agréable à fes yeux, foit celui de
fes Créatures expirantes dans les tourmens.

CELUI qui a formé le monde & tous les
mondes qui compofent l'univers, a auffi créé
l'homme. Pourquoi? Pour en être adoré?
Nos adorations lui font dues, mais que lui
importent - elles? Pour en être fervi? en
quoi? Il a créé l'homme, parce qu'il l'a voulu. En ofant interpréter les deffeins de Dieu,
nous lui prêtons les petiteffes de nos vues.
L'homme ne peut réellement le fervir: mais il
doit maintenir l'ordre fur ce globe, ouvrage
de Dieu, que Dieu lui a marqué pour fon habitation: il doit fervir fes freres, ouvrages de
Dieu comme lui: leur être utile, parce qu'il
defire qu'ils lui foient utiles; être vertueux,
parce qu'il lui importe de trouver fes femblables vertueux, parce que la fureté, le bon-

heur des hommes, dépend de la probité de chacun d'eux. La Religion eſt un juſte tribut de reconnaiſſance que la Créature paie au Créateur. Mais il ne recevrait pas avec plaiſir un hommage, il rejetterait un culte qui pourrait être nuiſible aux hommes ; car c'eſt à eux que ce culte doit être avantageux, non pas à lui qui n'en a pas beſoin. Dès qu'il ſe trouve dans quelques-unes de ces Religions par leſquelles les Peuples divers préſentent leurs adorations à leur Auteur quelqu'uſage dangereux à ces mêmes Peuples, ces uſages, établis, ſans doute, par leur aveuglement, doivent être proſcrits comme déſagréables à Dieu. Si nous ſommes obligés de croire que nous l'offenſons par nos faibleſſes & par nos erreurs, nous l'outrageons encore bien d'avantage par nos cruautés.

Puisque la Religion mérite nos reſpects, le Prêtre qui remplit ſes devoirs eſt lui-même bien reſpectable. Obligé d'être, par ſes vertus, une image ſenſible de la Divinité, il conduit encore plus les hommes par ſes exemples que par ſes leçons. Sa bouche eſt l'organe de la morale la plus pure. Il eſt le précepteur du Peuple, il lui apprend ſes obligations, il lui fait connaître, il lui fait aimer le bien. Dans les campagnes, il exerce, en quelque forte une magistrature auguste, qui ne doit sa force qu'à la douceur de la persuasion. Les hommes n'y seraient gueres supérieurs aux a-nimaux qu'ils emploient au labourage de leurs terres, s'ils ne recevaient quelque connaissan-ce des premiers principes de la morale, par la voix du Ministre des autels qui les dirige, qui les console dans leurs maux, qui concilie leurs différends & qui leur sert à tous de pere.

MAIS fi le Prêtre est vicieux, fi sa voix excite au crime ceux qu'il doit appeller à la vertu ; si, pour son intérêt, il nourrit des su-perstitions dangereuses ; s'il souffle la guerre au nom d'un Dieu de paix ; s'il porte le trouble, lui qui ne doit prêcher que la concorde: c'est le plus atroce de tous les hommes.

LES Prêtres peuvent être très utiles ; mais il n'est pas utile qu'il y en ait un grand nom-bre. S'il y en a beaucoup, il faut que la plu-part soient mal choisis & par conséquent in-dignes de leur ministere. Moins nombreux, ils s'observeraient d'avantage, parce qu'ils se-raient eux-mêmes plus observés. Il est juste qu'il y en ait affez pour avoir l'œil fur le troupeau ; mais il eft bon que le troupeau puiffe avoir auffi l'œil fur eux.

La deftination d'un homme chargé du Miniftere facré, & dans laquelle tout bon Gouvernement doit le contenir eft de faire connoître au Peuple ce qu'il lui eft néceffaire de favoir, & non de s'engager dans des difputes obscures : de faire d'honnêtes gens & non des esprits fubtils ; d'adorer Dieu & non pas de favoir ce qu'il a voulu nous laiffer ignorer. Il doit s'appliquer bien plus à l'étude de la morale qu'à celle de la Théologie : étude vaine, qui nous porte à apprendre plus que nous ne devons favoir ; étude dangereufe qui nous fait haïr ceux qui ne favent pas comme nous : fource abondante de divifions & de querelles qui ont fouvent enfanglanté la terre.

On peut ajouter ici que, dans bien des pays, il y a un nombre trop confidérable de ces maifons, où des hommes fouvent vertueux & éclairés, vont enfevelir leurs vertus & leurs lumieres & les rendre inutiles au monde.

En général les plus vertueux fe cachent dans leurs faintes retraites & fuient le fiecle corrompu. Mais on trouve qu'il y en a trop peu qui restent cachés.

Pourquoi ne pas rendre tant de bras, tant de talens, tant de vertus à la Société? Ils prient pour nous ces pieux solitaires. Eh! quoi? Faut-il des capuchons, des sandales, des ceintures de corde, la crasse monacale, pour rendre les prieres agréables à l'Eternel?

Il est vrai que le Prince ou le Magistrat n'aurait, peut-être, pas alors le droit de s'emparer des biens attachés à ces maisons. Ces richesses leur ont été assignées par de pieux fondateurs qui, bien intentionnés; mais peu éclairés, ont cru rendre par ces fondations de grands services au Public. Ainsi lors qu'une sœur de St. Louis voulut fonder un Hôpital, des Moines qui la dirigeaient, lui persuaderent qu'elles mériterait bien mieux de l'Etat en fondant un Monastere.

Ne faudrait-il pas interpréter l'intention des fondateurs, comme ils l'eussent fait eux-mêmes si leurs lumieres avaient répondu à la bonté de leurs intentions, & affecter au bien public ce qu'ils ont voulu lui consacrer?

Il y a beaucoup d'Hôpitaux où le malheureux, près de périr, trouve les moyens de pro-
longer une vie encore plus miférable. Mais il
n'y a point de maifons où des vieillards qui
font reftés dans l'indigence, après avoir con-
facré leur vie au travail & payé à la Société
le contingent de leur labeur, puiffent trouver
dans leurs derniers jours un afyle heureux, jufte
récompenfe de leurs travaux.

La maifon des incurables de Paris a été in-
ftituée à-peu-près dans cette vue. Mais c'eft
un fecours infuffifant, & d'ailleurs, pour y être
admis, il faut être attaqué d'une de ces infirmités, qui, fans ôter la vie, réfiftent à l'art
de la médecine. Or quelle maladie plus incu-
rable que l'indigence dans la vieilleffe?

Les maifons Réligieufes qui feraient trou-
vées fuperflues & les richeffes qui y font at-
tachées, pourraient être confacrées à remplir
cette louable intention.

Quel fpectacle touchant pour les ames fenfibles, que celui de ces vieillards à têtes chau-
ves ou blanchies par les années, de ces ref-
pectables pères de famille, heureux de n'être

point dans leur vieilleſſe un fardeau pour leurs enfans, ne craignant point l'affreux avenir, & coulant en paix & ſans inquiétude, après une vie laborieuſe, les derniers de leurs jours! Si mes yeux pouvaient être témoins de ce ſpectacle, je croirais avoir aſſez vécu.

CHAPITRE XII.

Population.

IL ne ſuffit pas d'être ſoumis au Gouvernement de la Société dans laquelle on vit, il faut coopérer à la conſerver. C'eſt par la population qu'elle ſe ſoutient, qu'elle ſe répare, qu'elle acquiert une fleur de jeuneſſe toujours nouvelle: c'eſt en lui offrant de nouveaux Citoyens, êtres émanés de notre propre exiſtence, que nous commencerons à payer ſes bienfaits.

LA loi de la Nature & la loi de la Société ont ici une force égale. Car lorſque celle-ci nous demande de nouveaux Citoyens, celle-là nous fait entendre la voix du deſir, & nous préſente l'appas de celui des plaiſirs qu'elle a voulu rendre le plus ſenſible.

Quiconque dédaigne d'accorder le tribut que lui demande l'humanité, attente contre elle, & semble vouloir la détruire, puisqu'elle s'éteindrait bientôt, si tous ses semblables, avaient pour elle la même ingratitude. Peu digne d'avoir reçu la vie qu'il refuse à ceux qui devaient descendre de lui, assassin de sa postérité, il est également coupable envers l'Etat & envers la Nature.

Le pauvre se marie & propage, parce qu'il ne connait que les besoins physiques qui sont très bornes, parce que, n'ayant rien, il ne saurait craindre que ses enfans le forcent à se rien retrancher.

Les malheureux sont la pépiniere de l'humanité, & servent à remplir le vuide de toutes les classes. Sans eux les grands Etats seraient bientôt de grands déserts.

L'Homme qui vit dans la médiocrité, craint d'avoir trop d'enfans, parce qu'il se trouverait au dessous de la médiocrité.

Le riche ne veut point retrancher sur son superflu, se refuser des plaisirs, des caprices, apprendre à connaître quelques privations. D'ailleurs il plaindrait trop fes enfans, s'ils devaient être moins riches que lui.

MAIS fans les befoins factices, on ne connaîtrait ni médiocrité ni richeffes ; car il n'y a de réel que le néceffaire. Ainfi les faux befoins font la caufe du grand nombre de célibataires.

DANS la jeuneffe, on defire le mariage, on fouhaite d'en voir naître des fruits, parce qu'on n'eft pas encore entiérement dépravé, parce qu'on n'a pas eu le tems d'étouffer la voix de la Nature, parce que les preftiges de l'opinion n'ont pas encore eu la force de l'emporter fur elle.

MAIS avec le tems, les préjugés font taire la voix du cœur : celui-ci a moins de feu. On veut foutenir un Etat, fe rendre plus confidérable par un plus grand fafte : une malheureufe prudence n'offre que des objets de crainte. On croit être devenu fage, & l'on n'eft que corrompu.

LA jeuneffe fur bien des objets, voit plus jufte que l'âge avancé! C'eft que les paffions données par la Nature font moins fujettes à nous égarer, que la raifon formée par les hommes & embarraffée de mille erreurs.

L'Auteur de la Nature n'a donné aux animaux qu'une courte carriere à parcourir. Il femble n'accorder aux Individus que le tems de fe reproduire & de perpétuer les efpeces. L'homme naît pour donner la naiſſance à l'homme. Tel eſt l'ordre du Créateur.

CHAPITRE XIII.
Célibat des Faquirs.

Il ne peut donc être l'auteur de ces inftitutions dangereuſes, par lesquelles l'homme renonce à être utile à l'homme.

Des Mortels fuperbes ont eu l'ambition d'être encore plus parfaits que les hommes vertueux. L'Inde eſt, en quelque forte, peuplée de Faquirs occupés à imaginer des moyens cruels de fe tourmenter eux-mêmes. Retirés de la Société; dévoués à mille fupplices divers dont leur orgueil s'eſt fait un art; horribles & dégoutantes victimes de la fuperſtition, ou plutôt ridicules martyrs de la vanité, ils fe font confacrés aux macérations, aux prieres & à l'inaction, comme ſi l'Auteur de la Nature n'avait pas placé l'homme fur la terre pour agir, pour jouïr, & non pour contempler.

Cultive cette terre, nourris-toi de ses productions, & croi que Dieu ne se plait pas à te voir abréger par des jeûnes, les jours qu'il t'a permis de vivre, ni soutenir ta vie en dévorant le fruit de nos peines que tu ne veux point partager.

Tu pries pour moi ! Vien plutôt travailler avec moi & rendons grace ensemble au Créateur qui bénira nos travaux.

Ton sang ruisselle sur ces fers aigus dont toi même perces ta peau. Garde ton sang, imbécille: garde ce sang qui fait ta force. Elle t'est nécessaire pour défricher cette terre & pour produire des hommes.

Mais non. Ils se font fait un devoir d'une chasteté absolue, d'une entiere rénonciation à l'espoir d'être peres. Vertu stérile, ou plutôt attentat contre la Divinité qui, par la voix de la Nature, ordonne à l'homme de peupler cette terre qui lui a été donnée pour habitation.

La chasteté, sans doute, est une vertu. Mais c'est cette chasteté qui nous défend de fouiller la couche de notre ami, de notre Concitoyen: c'est cette chasteté féconde, qui, ne

nous permettant point d'ufer nos forces, par
l'abus des plaifirs, nous rend plus dignes de
les goûter, plus capables d'être utiles à la propagation de l'espéce, plus propres à fupporter
les travaux qui nous font impofés ; qui nous
conferve enfin la vigueur de l'esprit, celle du
corps, la vie même. C'eft cétte chafteté qui
plait à Dieu, parce qu'elle eft avantageufe au
genre humain. Nous ne pouvons être utiles à
la Divinité : foyons-le donc à nos compagnons,
à nous-mêmes ; c'eft ainfi que nous ferons agréables à fes yeux.

CHAPITRE XIV.

Amour.

HEUREUX les hommes, d'être utiles à
l'Etat en fuivant le doux penchant de la Nature !

A PEINE un léger duvet commence à couvrir les joues délicates de l'Adolescent, qu'un
nouveau fentiment germe dans fon cœur, &
femble lui donner une exiftence nouvelle. Le
fang coule dans fes veines avec plus de chaleur
& porte dans toutes fes fibres le frémiffement

d'un defir inconnu. La Nature entiere change de face à fes yeux. Il fe plait dans la folitude, il aime à fe plonger dans de douces rêveries. La mélancolie s'empare de fon ame ; heureufe trifteffe, qui reffemble au plaifir ! Tout l'appelle à l'Amour, tout nourrit le feu divin qu'il recele.

Une jeune fille s'offre à fa vue. Il tremble, il frémit, fes genoux le foutiennent à peine : il eft dans un état cruel, & cependant il éprouve un fentiment délicieux. Il reconnaît l'objet qu'il defirait, fans favoir qu'il eût des defirs. Il baiffe les yeux ; il les leve un inftant, il les baiffe encore, il n'ofe regarder celle qu'il voudrait dévorer de fes regards. Il l'aime, il l'adore, & craint que de l'aimer ce ne foit lui faire une injure. Il faut du tems avant qu'il ofe lui parler, il en faudra bien d'avantage avant de lui dire qu'il l'aime. Mais que fes complaifances, fes foins, fon accent devenu plus doux, plus touchant, fon œil humide & enflammé, favent bien le dire au défaut de fa voix ! Il voudrait fe confondre avec l'objet de fes vœux & cependant il craint de l'approcher de trop près. Il s'enhardit enfin: on fait qu'il aime, il fait qu'il est aimé.

CE plaisir si délicat, le plus vif qu'il puisse jamais éprouver, n'est que le prélude d'un autre plaisir. Les deux amans se donnent mutuellement leur foi & leur union reçoit le sceau d'un contrat authentique, par les formalités d'usage dans l'Etat auquel ils sont attachés.

CHAPITRE XV.

Polygamie.

EN même tems que l'Etat demande aux hommes de nouveaux Citoyens, il exige l'union du pere & de la mere. Si l'on cite l'exemple contraire de quelques Sociétés, une telle exception ne peut être une loi.

REMONTONS encore au berceau de l'Etat Social, à ces tems qui ont précédé la naissance des richesses & du luxe. Nous verrons l'enfant exiger longtems de sa mere des soins peinibles & assidus: alors la chasse, la pêche, les travaux du pere la nourrissaient. Quand l'enfant mâle avait acquis assez de force, il fallait
que

que le pere le façonnât à partager ses travaux tandis que son épouse allaitait le dernier fruit de leur union. La mere instruisait ses filles aux ouvrages de son sexe. Elles faisaient ensemble les vêtemens, elles préparaient la nourriture de la famille.

Tel est encore à-peu-près l'état des familles pauvres ou médiocres, c'est à dire, de la plus grande partie de l'humanité.

Dans toute situation, le mariage est toujours une des premieres suites de l'Etat Social, parce que les deux époux doivent concourir à l'éducation de leurs enfans. C'est par un abus funeste qu'ils doivent souvent à d'autres ce bienfait. Ce qui peut excuser les parens, c'est qu'ils sont souvent si peu estimables, que le premier venu est plus digne qu'eux d'élever leurs enfans.

La Nature fait naître à peu près la même quantité d'individus des deux sexes. Si le mariage du pere & de la mere n'était pas nécessaire aux enfans, il serait avantageux que le nombre des mâles fût le moindre, puisque les meres perdent beaucoup de tems pour la propagation, pendant qu'elles sont enceintes & pendant qu'elles allaitent.

G

S I, dans les contrées de l'Orient, il ne naît pas beaucoup plus de femmes que d'hommes, la permiſſion accordée aux Muſulmans d'avoir pluſieurs épouſes, eſt contraire à la Nature. On aſſure que peu de Mahométans uſent de cette liberté: ſans cela il faudrait qu'un grand nombre d'entr'eux gardât le célibat.

M A I S du moins par une ſuite de cette loi funeſte, il reſte aſſez d'hommes inutiles, pour qu'on emploie ces mutilations cruelles qui ſéparent l'homme de l'homme même.

J E ſoupçonne qu'on n'a pas conſervé le véritable eſprit de cette loi, dont l'origine ſe perd dans l'obſcurité des tems. Les femmes, dans ces climats, perdent de très bonne heure la fécondité. Peut-être continuaient-elles de reſter dans la maiſon avec le titre d'épouſes, & leurs époux avaient alors la permiſſion de prendre d'autres femmes, pour ne pas reſter, à la fleur de l'âge, inutiles à la population.

A U reſte les Lévantines ne ſont en général que peu de fois meres. Il faut aux hommes pluſieurs femmes, pour être peres autant de fois que le ſont communément les Européans.

Ici les hommes se marient, comme ailleurs, plus tard que les femmes, & celles-ci ont une très longue & très abondante fécondité. Quand elles deviennent stériles, leurs époux sont ordinairement dans un âge assez avancé pour être livrés au repos.

Il paraît donc contraire aux vœux de la République, au moins dans nos climats, qu'un Citoyen ait plusieurs épouses: mais il est nécessaire à sa conservation que chaque Citoyen en ait une.

CHAPITRE XVI.

Encouragement du Mariage.

L'Etat ne saurait donner au Mariage trop d'encouragement. C'est aussi ce que n'ont pas négligé les anciens Peuples dont nous admirons le plus la législation.

Mais, où la législation manque, elle pourra se trouver efficacement remplacée par la prudence des Grands, des Magistrats, & même des simples Citoyens. Qu'en toute occasion, ils marquent une juste préférence, même des égards respectueux au père de famille; que le

Célibataire ne trouve aucune faveur auprès d'eux, qu'il manque de confidération dans la Société, que fon inutilité volontaire lui foit au moins tacitement reprochée. Bientôt les mœurs fuppléeront au défaut des loix, & le Célibataire s'empreffera, en s'engageant fous les loix du Mariage, de mériter l'eftime qui lui eft refufée.

Mais au contraire, rien n'eft plus expofé aux froides plaifanteries des gens du monde que le Mariage, fi ce n'eft l'accompliffement des devoirs qui y font attachés. Car nous ne ferions pas encore affez corrompus, fi nous n'étions que vicieux ; il faut que nous engagions les autres dans le vice & que nous répandions le farcafme fur la vertu.

Quel refpect cependant eft dû à ces liens fi précieux, qui, en joignant enfemble deux perfonnes, confondent en même tems plufieurs familles, rendent communs leurs intérêts, leur ouvrent une nouvelle fource d'amitiés, de foins, de fecours mutuels. La Patrie devient encoré plus chere au jeune époux, parce qu'il y eft attaché par de nouvelles chaînes, parce qu'il tient à un plus grand nombre de fes membres,

parce qu'il a déja rempli un de ses vœux, &
qu'il espere répandre encore sur elle de nouveaux bienfaits en contribuanr à la perpétuer.

CHAPITRE XVII.

Adultere.

QUICONQUE attente aux mœurs d'une famille, attenté contre l'Etat même, puisqu'il insinue dans un de ses membres le ve-
venin contagieux du vice qui, de proche en
proche, gagnera le Corps entier.

Tu ris des maux que tu causes, homme
corrompu ; homme corrupteur ; toi, qui fais
ton plaisir d'inspirer tes mœurs à ton ami ; toi,
qui te dis heureux, quand tu as fait rougir de
sa vertu, celle que tu arraches à l'époux qui re-
çut sa foi, celle à qui tu mens, quand tu veux
lui persuader que tu l'aimes. Mais le mal ne
s'arrêtera pas où tu l'as fait naître. Ta maî-
tresse verra son exemple servir de modele à ses
compagnes ; ton ami, vicieux par toi, sera
bientôt imité par ses amis : &, par une chaîne continue, mais dont l'œil ne pourra bientôt plus suivre les chaînons multipliés, le Corps

focial fera bientôt infecté de coupables Individus, qui, fans toi, auraient été vertueux,
& même, après un nombre de fiecles, naîtront
encore des hommes vicieux par toi.

MAIS ne cherchons pas fi loin les malheurs
qui font ton ouvrage. Je te fuis dans cette
maifon, afyle à préfent refpectable de la paix
& de la vertu; mais où tu traîneras après toi
le crime & le trouble. Quel fpectacle touchant! Une époufe adorée d'un époux qu'elle
adore, une confiance mutuelle, des careffes
également partagées, une amitié auffi vive &
furtout plus précieufe que l'amour même, ce
calme de deux cœurs qui n'ont point de reproches à fe faire! Couple à préfent fortuné, vous
allez éprouver à la fois tous les tourmens!

L'ÉPOUX, fans défiance, préfente à l'époufe fon ami. Quel ami! Sous ce titre augufte,
& faint, il eft admis dans l'intimité d'une femme dont l'ame eft trop pure pour connaître la
défiance. Il reçoit dans fon traître fein le dé-
pôt des faibles chagrins qui ne font qu'affai-
fonner le bonheur d'un ménage bien uni : mais
il fait les exagérer. Il fait remarquer dans l'é-
poux qu'on aime, de ces légers défauts dont l'hu-

manité ne peut être exempte, il s'étudie à se
parer des qualités contraires, il se rend aimable pour perdre celle qu'il attaque, il n'épar-
gne aucune de ces complaisances insidieuses,
armes toujours fortes, contre un sexe faible:
semblable à ces serpens cruels qui lechent d'a-
bord la proie qu'ils s'apprêtent à dévorer. Comment une femme innocente pourrait-elle résister à tant d'embuches? Elle se rend, & perd
en même tems sa tranquillité.

FEMME honnête, ce n'est pas encore notre
sexe que tu dois craindre le plus. Il saura te
respecter, si tu te montres respectable. Timide devant toi, il n'osera te confier un sentiment qui t'outrage; &, pour défendre ta
vertu, tu n'auras besoin d'autres armes que de
l'empreinte auguste de cette vertu même, qui
brillera sur ton front. Crains les femmes surtout. Crains cette amie dangereuse qui te fa-
miliarisera d'abord, par des saillies agréables,
avec l'image du vice, qui t'accoutumera insensiblement à ne point regarder comme un malheur affreux la perte de l'innocence. Bientôt
elle osera te faire confidence de ses plaisirs fur-
tifs. Elle rira de ta rougeur, elle t'apprendra

à ne rougir que de ta vertu. Sa voix lafcive enhardira l'amant timide qui tremble devant toi, fes plaifanteries écrafantes lui feront une honte de fa retenue. Elle l'encouragera à prendre des libertés dont tu n'oferas t'offenfer devant elle. S'il eft befoin d'un aiguillon plus fort, elle recevra fous tes yeux les careffes de celui qu'elle aime, elle te rendra témoin des prémices de la volupté. Elle parlera en fecret à ton amannt, elle lui fera part de tes aveux, lui apprendra les moyens de t'attaquer, lui indiquera tes faibles ; &, s'il le faut, l'accablera même de fon mépris, jufqu'à ce qu'il puiffe lui témoigner que toi-même enfin es devenue méprifable.

CHAPITRE XVIII.

Des fuites de l'Adultere.

Sɪ, par le Mariage, deux familles n'en compofent plus qu'une feule & forment, en quelque forte, une maffe d'appuis, de facultés, de reffources: l'infidélité conjugale porte dans les familles la divifion, y fait naître les trames fourdes & les guerres ouvertes.

L'ÉPOUX offensé supporte impatiemment son outrage; l'épouse infidelle proteste de son innocence; les parens prennent parti: le Séducteur & ceux qui lui sont attachés augmentent encore le trouble. Le partage d'intérêt, d'amitié, d'opinion, attise les haines. L'insulte, le sarcasme n'est point épargné; les querelles naissent, les inimitiés pullulent. On se calomnie, on se déchire, on se traverse; & nombre de Citoyens sont troublés par le crime d'un homme corrompu, & l'abandon d'une femme qui s'est laissé corrompre.

Au milieu de tant de Citoyens qui se haïssent, qui pourra maintenir la paix? Les loix, dira-t-on. Eh quoi! toujours des loix & jamais de mœurs!

Qu'on ne pense pas que le vice soit favorable à la propagation de l'espece. Un amant adultere croit n'employer jamais trop d'efforts, & craint de ne prouver jamais assez son amour aux maîtresses qui le fatiguent de leurs faveurs. Or rien n'est plus contraire à la vigueur féconde que cette ardeur voluptueuse qui dissippe elle-même ses moyens.

G 5

L'ÉPOUX, content de jouïr, s'inquiete peu de briller. Il ne cherche le plaisir que lorsque la Nature elle-même lui en indique le moment, & elle l'indique toujours avec sûreté. Moins il se livre souvent à l'amour, & plus les fins de l'amour sont sûrement remplies.

DANS tout pays où il y aura beaucoup d'habitans, il y aura beaucoup d'infidélités conjugales. Eh! je le sais. Je sais aussi que, dans toute ville fort peuplée, il y aura beaucoup de scélératesse, beaucoup de brigandage, beaucoup de vices. Qu'en conclure? que les hommes s'infectent mutuellement, quand ils se touchent de trop près.

DÉFENSEUR de l'Adultere, (car il y en a) vous pouvez devenir pere de famille. Trouveriez-vous bien juste qu'un faux ami vous laissât la charge des enfans qu'il aurait eus d'un commerce furtif avec votre épouse? Ne verriez-vous pas avec une profonde douleur que, par ce commerce adultérin, vos propres enfans seraient dépouillés d'une partie de votre héritage? Avec quelle tendresse éleveriez-vous des enfans dont vous soupçonneriez n'être pas le pere, que vous regarderiez comme les ufurpateurs des biens de votre progéniture? Ne fentez-vous pas, par ces effets du vice, qu'il attaque l'une des premieres inſtitutions fociales; le droit de propriété? Vos defcendans ont le droit légitime de fuccéder à vos poffeffions. Celui qui les en prive n'eſt-il pas un homme injuſte?

QUAND donc il réfulterait de ces commerces condamnés quelqu'avantage pour la population, il faudrait le facrifier à la juſtice.

CONSIDÉREZ encore la triſte influence qu'ils ont fur les mœurs. Il faut avilir, corrompre des valets, les façonner à la trahifon, à l'infidélité, leur apprendre à méprifer leur maître. Il faut s'avilir foi-même, en les prenant pour confidens & fe mettre dans leurs dépendence, par la crainte de leur indifcrétion. Il faut faire une étude de la fauffeté, fe prêter à des manœuvres honteufes & même fouvent ridicules, tromper un époux dont on feint d'être l'ami, qu'on déshonore & dont on ruine les enfans.

ACCOUTUMÉS à fe rendre efclaves de femmelettes, les hommes deviennent plus faibles qu'elles. Ils ne favent plus penfer que d'après les objets de leurs adorations, ils ne s'occupent que de niaiseries, de futilités. Combien l'on voit de poupins à barbe noire & même à cheveux gris, avec des caracteres de petites filles !

Toujours attentif à séduire les femmes, il faut mettre tous ses soins à leur complaire, à les flatter; les admirer quand elles disent des sotises, admettre sans appel leurs décisions & les accoutumer à décider toujours. C'est ainsi qu'on leur gâte l'esprit, & bientôt elles gâtent le nôtre à leur tour.

Le moindre des maux que fasse l'Adultere, c'est d'éteindre l'amitié entre deux personnes destinées à passer ensemble ce que le Ciel doit leur accorder de jours.

L'Épouse, séduite par un amant aimable, peut-elle chérir encore cet époux qui l'empêche d'être toute entiere à ce qu'elle aime? D'abord incommode, il devient bientôt odieux. Elle feint auprès de lui, mais elle feint mal, des sentimens qu'elle n'a plus. Elle reçoit froidement des caresses qu'elle voudrait repousser avec horreur. Elle est malheureuse par tout ce qui naguere la rendait heureuse.

par l'aspect d'un mari qui n'est plus qu'un sur-
veillant insupportable, d'un ménage où ne regne point son vainqueur, d'enfans qui ne sont
point les fruits de son nouvel amour. L'époux
infortuné soupçonne qu'il aime seul. Ses soupçons se changent en certitude. Les reproches
commencent, les haines s'aîgrissent, toute confiance est rompue. Le mari fuit une maison où
le chagrin le dévore ; il va chercher ailleurs
le plaisir qui le fuit. L'épouse, abandonnée
de son époux & de son inconstant séducteur,
se jette en désespérée dans les bras de nouveaux amans: elle y trouve la volupté, sans
y trouver la paix de l'ame. La vieillesse vient,
elle rejoint deux époux ou plutôt deux ennemis qui se fuyaient, qu'elle ne réunit que pour
faire leur supplice, & qu'elle force à couler
ensemble les restes empoisonnés d'une vie, qu'-
ils se rendent mutuellement odieuse.

J'ENTENDS crier ici qu'il faut permettre
le divorce.

TRISTE ressource, rarement employée par
ceux mêmes à qui elle est accordée, & dont
les suites fâcheuses se font assez connaître,
quand on considere les divorces forcés que cau-

fe la Nature par la mort de l'époufe. Le mari, paffant à de fecondes noces, foumet les enfans de fon premier mariage à l'empire d'une étrangere, qui, bientôt devenue mere elle-même, n'a que de la haine, ou du moins la plus grande indifférence pour des enfans à qui elle n'a pas donné le jour. Elle s'indigne de leur voir partager la tendreffe de leur pere & des avantages qu'elle voudrait qui appartinffent tout entiers à fa propre progéniture. S'il y a quelques exemples contraires, ils font bien rares & l'on fent qu'il n'eft pas poffible à une belle-mere d'avoir une tendreffe réellement maternelle, pour des enfans qu'elle n'a pas portés dans fon fein.

IL faudra donc interdire auffi les feconds mariages?

NON, affurément. Ce ferait faire un trop grand tort à la population, puifque beaucoup d'hommes, à la fleur de l'âge, font privés de leurs époufes. Mais, parce qu'on eft obligé de fupporter quelques maux qui font compenfés par les avantages qui les accompagent, faut-il encore raffembler fur la Société d'autres maux qui ne font pas inévitables?

Au reste, on pourrait donner en faveur du divorce bien des raisons auxquelles il serait, peut-être, difficile de résister. Mais s'il devenait très commun, ce serait la marque d'un vice dans les mœurs, & d'ailleurs il y a bien des Gouvernemens qui ne l'admettent pas. Sera-t'il permis à ceux à qui le divorce n'est pas accordé, de donner atteinte aux loix de leur Patrie, de troubler l'ordre social, & de porter la dissension dans les familles de leurs Concitoyens? Nous n'avons pas le pouvoir de réformer les loix: notre devoir est de nous y soumettre. Qui se souleve contr'elles, rompt les nœuds de la chaîne sociale.

Je puis avoir dit plusieurs choses qui ne s'accordent pas avec la situation des Grands, des Riches. Mais est-ce donc à eux que je parle de morale?

CHAPITRE XIX.

Chasteté.

Le Christianisme rejette l'union des deux sexes qu'il n'a pas consacrée par le sceau du Sacrement.

MAIS pourquoi les Peuples qui ne suivent que de vaines superstitions, ont-ils interdit aux personnes libres de tout engagement les douceurs de la volupté ?

IL faut reconnaître ici la grande prudence des premiers Instituteurs des Gouvernemens qui, peut-être, n'ont pas senti ce qui devait plaire au Ciel, mais qui ont très bien connu ce qui était utile à la terre.

IL semble d'abord que l'Etat doive s'affliger peu, des plaisirs d'une jeune fille ou d'une veuve capable encore de sentir l'amour & de le faire naître.

MAIS l'union qui regne entre des amans n'étant pas indissoluble, & mille circonstances pouvant la rendre passagere, les enfans n'auraient point d'état & en quelque sorte point d'existence. Qui en prendrait soin ? Le pere ? Il n'est aucun titre qui constate sa paternité & qu'on puisse faire valoir contre lui pour l'obliger à en remplir les devoirs. La mere ? Mais, si elle passe dans les bras d'un époux, sera-t'il obligé d'adopter une progéniture étrangere ? Il faudra donc la condamner à garder le célibat pour élever le fruit de son amour, & la con-
dam-

damner à une stérilité contraire à l'intérêt social, parce qu'elle a été féconde une fois.

MAIS, si l'amant épouse celle qui lui a
donné un gage de sa tendresse, comme alors le
but de la Société est rempli, & que l'enfant
n'a plus à craindre l'abandon de ses parens,
l'honneur de la mere est réparé.

UNE autre raison a fait aux personnes libres un devoir de l'abstinence des plaisirs a-
moureux. Croit-on que des femmes enchaî-
nées par les liens du mariage à des maris tristes, infirmes, valétudinaires, ou peu dignes
de posséder leur cœur, seront environnées de
compagnes plongées dans les tendres délices,
& résisteront à l'aimable contagion de la volupté ? Elle croiront suivre la Nature, quoiqu'elle-même condamne ce que l'intérêt de la
Société réprouve. L'exemple puissant l'emportera sur le devoir & les loix impérieuses
du tempéramment & du cœur feront taire celle
de la vertu.

POUR que les plaisirs impétueux de l'amour
ne vinssent pas troubler les tranquilles douceurs
du mariage, il étoit donc nécessaire qu'ils fus-

fent interdits à ceux à qui la loi n'avait pas expreſſément permis de s'y livrer.

La plus ſûre gardienne de la chaſteté virginale & de la fidélité des épouſes, c'eſt la pudeur, qui, ſans doute, n'eſt pas inſpirée par la Nature, puiſqu'elle n'eſt pas un beſoin ; mais dont tous les Peuples ont naturellement reconnu l'avantage & qui a été conſacre dans toutes les Sociétés.

C'est ainſi que les diverſes nations, également intéreſſées à maintenir l'union conjugale, ont tendu toutes, comme de concert, à en aſſurer le repos & la tranquillité.

CHAPITRE XX.

Choix des Epoux.

La néceſſité du mariage établie, il eſt temps de parler du choix des époux. Il dépend quelquefois des contractans, & quelquefois de leur famille. Que ce choix eſt difficile à faire !

La Nature ne ſait point ſe démentir. Elle agit dans l'homme comme dans les autres animaux.

VOYEZ le soin que prend cet habitant de la campagne d'accoupler ensemble des animaux de bonne race, pour avoir toujours du bétail de la meilleure qualité. Cet homme que vous méprisez, rendu plus intelligent que vous par l'expérience, vous dicte la leçon que vous devez suivre.

NOUS tirons de nos parens, quelquefois de nos aïeux, souvent peut-être, de nos ancê-tres plus éloignés, * (car les observations ne peuvent remonter bien haut) une partie de nos traits, de nos habitudes extérieures, du son de notre voix. Eh! qui osera dire que nous ne leur devons pas aussi une grande partie de nos qualités intérieures ? On le peut prouver par analogie. On a remarqué dans les haras, que, par la génération, un étalon bien choisi, communique presque toutes ses qualités naturelles & acquises. On pourrait faire à peu près les mêmes observations sur les au-

H 2

* Du tems de Brantôme, la maison d'Autriche étoit remarquable par des levres épaisses, & l'on croyait que cette conformation, qui n'est pas encore entiérement altérée, venait de la Maison de Bourgogne.

tres animaux domeftiques. Et l'on voudra que l'homme ne tienne tout au plus que quelques traits de ceux qui lui ont donné l'être ! Non, fans doute. Notre caractere, nos vertus, nos vices, notre génie viennent fouvent en grande partie de nos afcendans. C'eft une vérité dont bien des Peuples ont paru convenir, en accordant la nobleffe aux defcendans de ceux qui s'étaient ennoblis par leurs vertus.

PERE de famille, tu connais les vertus de ton fils ; tu defires qu'elles foient encore reproduites dans fa poftérité. Prends donc garde où tu lui choifiras une époufe. Ne va pas la chercher, féduit par l'attrait de l'or, dans une famille où regnent des vices. Etudie le caractere des parens, celui de la fille. Prends foin que ce caractere ait d'heureux rapports avec celui de ton fils. Tu travailleras à fon bonheur, tu pourras lui promettre des enfans vertueux comme lui-même.

CE fils a-t-il de légers défauts que tu voudrais pouvoir corriger dans tes defcendans ? Tu n'as qu'à les tempérer par les vertus contraires de fon époufe. Eft-il un peu trop vif ? Que fa femme fe faffe aimer par fa douceur,

Sa prodigalité pourrait-elle, dans ses neveux, dégénérer en dissippation ? Que sa femme ait une sage œconomie. Sa noble confiance se tournerait peut-être en arrogance dans ceux qui naîtraient de lui ? Que son épouse plaise par une aimable timidité.

Fais plus encore. Consulte la santé de tes neveux. S'il se peut même, procure leur les avantages de la beauté. Ton fils est d'une santé délicate ? Fais-le entrer dans une famille où regne une santé plus ferme. Tu desires quelque chose dans sa taille, dans ses traits ? Corrige les par les graces extérieures de son épouse, par les charmes de sa beauté.

CHAPITRE XXI.

Inceste.

Il semblerait, au premier coup d'œil, que le plus sûr moyen de perpétuer dans les familles les vertus & les qualités louables, serait de ménager les alliances dans les familles mêmes, d'unir le frere avec la sœur. Union sacrée chez les anciens disciples de Zoroastre, ménagée dès l'enfance par l'habitude de vivre ensemble, préparée enfin par le devoir de s'aimer & cependant rejettée avec horreur par le confentement prefqu'unanime de tous les Peuples policés.

UNE fpéculation affez fimple femble prouver, indépendemment de cette horreur générale & dont l'origine a été vraifemblablement politique, que ces unions doivent être funeftes à l'humanité.

IL n'y a point d'hommes, peut-être, qui ne porte en lui-même le germe de quelqu'infirmité, qui n'ait dans fon cœur le germe de quelque vice moral, dont l'extérieur ne foit déformé par quelque défectuofité.

NOUS avons vu qu'il n'eft pas moins dans la Nature que les Enfans tiennent de ceux qui leur ont donné l'être une Partie du tempérament, du caractere & de la conformation extérieure.

IL eft également certain que cette maniere d'être éprouve des altérations dans la feconde génération, parce que les qualités du pere fe trouvent tempérées dans la progéniture par les qualités contraires de la mere.

MAIS uniffez enfemble le frere & la fœur, ces deux perfonnes qui n'ont qu'un même fang qui coule dans leurs veines, qui portent à l'extérieur des traits de ressemblance dont l'œil est frappé, qui n'en recelent pas moins, sans doute, dans l'intérieur, communiqueront à leurs enfans les vices de leur santé, de leur structure, de leur caractere; communication peu sensible peut-être à la premiere génération, mais devenue plus marquée en se multipliant.

Un homme d'une constitution peu saine qu'il tient de son pere, produira avec la fille de ce même pere, des enfans plus valétudinaires encore desquels naîtront des Individus faibles, peu capable des fonctions de la Société, à peine même capables de vivre.

L'Homme colere aura des descendans dont on ne pourra calmer ni éviter les fureurs, & l'ami des plaisirs sera la souche d'une race dont la sévérité des loix ne pourra contenir la licence effrénée. Ainsi l'univers n'aura plus que des habitans vicieux, infirmes & difformes, & bientôt après ne sera plus qu'un désert.

Au contraire par le mélange des différentes familles, les défauts peuvent se transformer dans les vertus qui les avoisinent; l'infirmité commençante reprend une heureuse vigueur, la laideur s'embellit, & les habitans de la terre continuellement croisés entr'eux, conservent au monde vieillissant la fleur de sa premiere jeunesse.

AINSI les alliances entre les oncles & les nieces, entre les enfans de deux freres feront encore interdites, parce que le même sang, quoique divisé en plusieurs canaux, & déja mêlangé, conserve encore quelques-uns des vices de sa premiere souche.

CEPENDANT ces unions seront moins dangereuses que celles entre les freres & les sœurs; & les loix, se relâchant de leur sévérité, les permettront quelquefois, pourvû que les exceptions ne deviennent pas trop fréquentes.

C'EST donc dans une famille étrangere qu'un pere choisira l'épouse de son fils. Son choix fait, ses devoirs sont remplis & celui des époux commence.

CHAPITRE XXII.

Devoirs des Epoux.

DÉSTINÉS à passer leurs jours ensemble, deux époux ne peuvent être heureux que par leur bonheur mutuel.

COMMENT l'un jouïra-t-il du bonheur, fi l'autre fe laiffe emporter à tous fes mouve-mens de colere, s'il cede à tous fes vains ca-prices, s'il fe livre à l'efprit de domination fi naturel & fi défagréable, s'il ne fait facrifier des defirs qu'il ne pourrait fatisfaire fans af-fliger le compagnon de fa vie, fi, toujours oc-cupé de lui-même, ou plutôt s'oubliant tou-jours, il ne confidere jamais dans fes démarches la perfonne à laquelle il doit complaire.

LE bonheur pourrait-il être le partage de celui qui ferait le malheur de l'autre? Figu-rez-vous un homme enchaîné pour toujours à la fuite d'un infortuné. Ses yeux ne voient que l'expreffion d'une longue douleur, des joues fillonnées par les larmes, un œil éteint par l'ha-bitude d'en répandre, les couleurs livides de la morne trifteffe répandues fur un vifage flétri, l'agréable embonpoint miné par le chagrin des-tructeur: fon oreille n'eft frappée que de plain-tes ameres, de cris lamentables. Il veut fuir cet odieux fpectacle qui fans ceffe fe reproduit. Il cherche hors de chez lui, hors de lui-mê-me, le bonheur dont il eft indigne & qui fe refufe à fa pourfuite: ou, s'il perd dans la diffipation du monde & des affaires l'afpect de la victime qu'il a frappée, un tems vient où l'on eft incapable d'une vie occupée, où la Société fuit avec l'âge du plaifir. C'eft alors que la folitude eft affreufe; c'eft alors qu'on recueille les épines du malheur qu'on a femées dans le jeune âge.

IL n'eft point de bonheur dans la vie, qui ne foit mêlangé de quelqu'amertume. Il n'eft point dans l'union conjugale de félicité qui ne foit traverfée par quelques douleurs. Mais fouvent elles font prolongées par la faute de celle des deux Parties qui les fupporte.

L'ÉPOUX infidele eft coupable. Mais combien ne manquent à leur ferment qu'entraînés par une occafion vive, féduits par un enchantement paffager, forcés en quelque forte par les avances d'une femme hardie, ou piqués par l'attrait d'un goût momentané. Leurs efprits s'abandonnent aux charmes d'une volupté nouvelle, mais leurs cœurs n'ont point abjuré leurs premiers engagemens; &, dans les bras d'une maîtreffe qui les enyvre de plaifirs, ils n'accordent qu'à leurs dignes époufes le fentiment précieux de l'amitié.

Cet instant est critique. Observe-toi, Femme prudente. Dévore tes pleurs, dissimule tes chagrins & qu'une aimable douceur rappelle près de toi l'époux volage. Les nouveaux droits que tu auras acquis sur son estime, ajouteront encore des nœuds plus forts aux liens qui l'attachent à toi.

Mais la plupart des femmes se livrent, sans réserve, à l'impétuosité des sentimens jaloux qu'elles éprouvent. Leurs bouches ne s'ouvrent plus que pour les plaintes les plus ameres, les plus durs reproches. Elles auraient pu dumoins, en attendant un retour plus tendre, rester les amies de leurs époux. Mais elles emploient tout leur art à se fermer un cœur dont les chemins leur étaient encore ouverts. Elles étaient loin encore d'être indifférentes; & elles se rendent odieuses. Acharnées à faire le tourment de leurs infideles, elles deviennent, pour eux des furies implacables, & finissent par leur en inspirer toute l'horreur.

Dans le Mariage, il faut donner tous ses soins à adoucir son caractere, se mettre sans cesse à la place de la personne dont on doit faire le bonheur, lui épargner ces désagrémens, légers peut-être en eux-mêmes, mais qui, renouvellés fans ceffe, fuffifent pour empoi-fonner la vie. Car de faibles maux multipliés, font plus infupportables, qu'un grand grand malheur qui paffe & s'oublie.

L o i n des époux qui veulent être heureux ces emportemens de colere qui aviliffent l'hom-me plus qu'aucune autre paffion.

M a i s des perfonnes médiocrement acceffi-bles à ces tranfports violens, ont une froide féchereffe, une douceur âcre, une tranquille affectation de fupériorité, qui, bien plus en-core que les vivacités paffageres, contribuent à réfroidir l'amitié, fentiment que des époux doivent chercher à mériter fans ceffe.

D'a u t r e s ne peuvent fe refufer à l'envie de faire des railleries ameres, fe picotent, fe pointillent, fe harcellent par de petites con-tradictions, des refus déplacés, finiffent par l'humeur, l'impatience, &, par ce feul travers d'efprit, nuifent à la douceur de leur union.

L e Mariage doit offrir un commerce mu-tuel & continu de complaifances, de foins, de confeils, d'indulgence & de tendreffe. Il fut un tems, & même ce tems fut long, où la Société, ne se maintenant que par la force, la vigueur corporelle était absolument nécessaire. Cette vigueur avait même le nom de vertu dans les langues anciennes. Les hommes étant plus vertueux, c'est à dire plus robustes que les femmes, obtinrent sur elles une supériorité qu'ils devaient à la force de leurs muscles. Ils étaient faits pour combattre sans cesse. La femme avait soin de garder la maison : tranchons le mot, de servir. Ce tems n'est plus. Aujourd'hui la véritable force, la plus avantageuse à la Société & même au Citoyen, c'est celle de l'esprit. L'homme sera donc encore supérieur à sa femme, quand il aura plus de prudence, plus de capacité, plus de connaissances utiles au bien de la famille. Mais alors il ne fera sentir cette force que par celle de la persuasion : sorte d'empire flateuse pour celui qui la possede & jamais odieuse à celui qui s'y soumet.

MAIS rien ne sera plus ridicule que la supériorité affectée par un sot sur une femme prudente & d'une grande ame ; si ce n'est celle d'une femme qui, affectant sur son époux un empire suprême, une domination écrasante, l'avilit, le rend méprifable, en fait fon jouet & celui de la Société.

Il ferait trop long & trop inutile de s'appefantir fur les devoirs qu'exige le mariage. Chacun les connait, peu veulent les fuivre. Eloignons fur-tout nos regards de ces ménages affreux, dans lefquels un époux barbare fe plait à accumuler le malheur fur la tête d'une infortunée, qui, en lui accordant fa main, n'attendait pas un pareil fort. Ce même homme montre fouvent dans la Société des vertus, de l'humanité, il ne maltraite que ce qu'il doit aimer. Malheureux, fi la raifon ne peut rien fur toi, écoute du moins la tendre voix de la pitié. Ne l'entends-tu jamais retentir fur ton cœur?

CHAPITRE XXIII.

Premiere nourriture des Enfans.

Il femble plus néceffaire de diriger que de recommander l'amour paternel. Eft-il un cœur affez dur pour méconnaître cette tendreffe que nous infpire un être qui a fait partie de nous-mêmes & qui n'en eft féparé que pour devoir encore à nos soins assidus la continuation de son existence. Cet amour est un sentiment vif & profond qu'un naturel pervers voudrait étouffer en vain, & auquel nous rappelle sans cesse la Nature. Nous chérissons notre enfant avant même qu'il ait vu le jour, nous comptons les instans qui nous conduisent à celui de sa naissance, nos vœux impatiens voudraient hâter ce moment délicieux. Nous aimons en lui pour l'avenir toutes les qualités qu'il nous plait de lui supposer, nous lui avons obligation déja de tous les plaisirs qu'il doit nous procurer un jour. Il naît enfin cet objet de nos plus ardens desirs; il annonce par ses cris sa débile existence. Ses cris frappent, déchirent nos cœurs. Une tendre mere, affaiblie par les maux qu'elle a soufferts, étendue encore sur un lit de douleurs, demande avec empressement aux femmes qui l'environnent ce fruit si cher de ses souffrances, & porte sur lui des regards où se peint bien plus vivement l'expression du plaisir, que celle des maux qu'elle a déja oubliés.

Livre toi, sensible mere, à cet amour si doux. Prends garde d'oublier bientôt ce que tu dois à cet enfant qui exige tous tes soins, qui a befoin de toute ta tendreffe. Tu l'aimes, parce qu'il te doit fa naiffance. Tu l'aimes plus encore que fon pere ne le peut aimer, parce qu'il te doit plus, parce qu'il t'a couté d'avantage, parce que tu l'as acheté par les plus cruelles douleurs. Craindrais-tu de fouffrir encore pour lui, de lui facrifier ta pareffe, tes aifes, & de vains plaifirs?

Tu le vois aujourd'hui pour la premiere fois; ton œil avide le dévore, tes mains le careffent, ta bouche le couvre de baifers. Vas-tu donc avoir le courage barbare de l'éloigner de tes yeux? Quand il était encore dans les ténebres, tes defirs l'appellaient à la lumiere: était-ce pour l'ecarter auffitôt loin de toi? Tu as enduré fans murmure la fatigue de le porter dans ton fein, & tu renonces au plaifir de le foutenir dans tes bras! Tu l'aimes & tu cedes à une autre le doux tribut de fes premieres careffes, de fa premiere reconnaiffance! Il ignorera longtems que c'eft à toi qu'il doit la vie; mais il connaîtra bientôt que c'eft à une autre qu'il doit la nourriture. C'eft pour une autre que le fentiment de l'amour commencera à germer dans fon cœur. Tu le reverras trop tard.

Ton

Ton afpect étranger, (l'afpect étranger d'une mere!) ne lui infpirera que de l'éloignement, de l'effroi. Tu le verras, pour fuir tes caref-fes importunes, fe précipiter fur le fein qui l'allaite, & ne répondre à la voix de fa mere, que par des cris aigus; interprêtes de fa haine.

Par le tems feul & furtout par l'abfence d'une nourrice chérie, tu pourras obtenir en-fin que le fruit de tes entrailles fupporte fans peine ta préfence. Mais il n'oubliera pas fa-cilement fa bienfaitrice; il ne contractera qu'-avec peine une inclination nouvelle & long-tems plus faible que la premiere. Tu gémiras longtems de l'indifférence & même de l'horreur avec laquelle il recevra tes careffes, avant de pouvoir plier fon jeune cœur à l'ingratitude & à l'inconftance. Car, envain tu voudrais te le diffimuler, du moment où il commence à t'ai-mer, à perdre l'idée de fa nourrice, de ce mo-ment même il commence à être léger & mé-connaiffant.

Souvent, & j'en ai l'expérience, une me-re croit enfin régner fans rivale fur le cœur de fon enfant & y avoir fait naître une tendreffe affermie par un tems affez long. La nourrice reparait, l'enfant la reconnait à peine, où même ne la reconnait plus. Il la fixe longtems avec des yeux incertains, semble étudier ses gestes, ses habitudes, écoute en silence une voix autrefois si chere, rassemble des idées presqu'effacées de sa faible mémoire & quitte enfin sa mere, ou plutôt la fuit, pour voler dans les bras du premier objet de son amour.

Que de femmes sont souvent punies avec autant de rigueur que de justice, pour avoir refusé le lait à leur progéniture! Combien de fois cet aliment salutaire, aigri dans le sein d'une mere dénaturée, fermente dans toutes ses veines, se tourne contr'elle en poison, la fait périr dans les douleurs, ou lui laisse traî-ner une vie accablée de maux plus cruels que le trépas! supplice affreux & long, préparé par la Nature, contre celles qui résistent à ses loix.

Peut-on même jamais lui désobéir, sans éprouver sa vengeance? Quel art téméraire ose repousser des flots de lait loin des canaux qui leur étaient destinées & leur apprendre une route qu'ils n'auraient jamais dû connaître? La fievre annonce toujours la crise violente qu'-

occafionne ce combat intérieur, la malignité s'y joint quelquefois, & la mort fuit de près les premiers jours de l'enfantement.

MAIS fi la mere court de grands périls en refufant à fon enfant la nourriture qu'elle lui doit; le nouveau-né, confié à une nourrice é-trangere n'eft pas expofé à de moindres dan-gers. C'eft feulement dans le fein de la mere qu'a été préparé l'aliment convenable à l'en-fant, aliment fans doute plus analogue qu'au-cun autre à celui qui le foutenait, qui caufait fon accroiffement avant qu'il vînt à la lumiere, aliment rendu digeftible par les mêmes liqueurs, conduit dans le même eftomac, filtré dans les mêmes canaux. Un lait nouvellement formé & léger encore, peut feul convenir à un efto-mac novice. Un lait qui a plus de confiftan-ce, tel que celui d'une nourrice qui a enfanté depuis plufieurs mois, doit le furcharger, y caufer des indigeftions. D'ailleurs le lait d'une femme qui vient d'enfanter purge l'enfant, lui fait jetter le méconium, purgation utile & dou-ce; puifqu'elle eft préparée par le feul méca-nifme de la Nature & non par un art peut-être alors toujours dangereux, & rejetté du moins conſtamment par d'habiles praticiens. En effet l'enfant qui vient de naître n'a déja que trop ſouffert, pour franchir les différentes barrieres qui le retenaient dans les flancs qui l'ont porté; il n'eſt que trop fatigué par l'habitude nouvelle pour lui de reſpirer; il ne fait que de commencer à vivre dans le fluide léger de l'air, ſi différent du fluide épais dans lequel il a nagé juſqu'alors: ce changement ne lui cauſe que trop d'impreſſions violentes, ſans lui faire éprouver encore le travail d'une médecine, ordonnée par un art qui n'eſt jamais ſans incertitude. Il a beſoin, ſans doute, d'une purgation, mais il faut qu'elle ſoit compoſée par la Nature.

C'eſt aux alimens que nous prenons, qu'eſt dû notre accroiſſement: ce ſont les Parties ſubſtantielles de ces alimens qui deviennent des Parties de nous-mêmes. Nous perdons ſans ceſſe, par d'inſenſibles ſécrétions, des portions de notre exiſtence, qui ſont remplacées par d'autres portions de notre nourriture capables de s'aſſimiler avec nous: en ſorte que l'homme tend ſans ceſſe à ſe diſſipper en vapeurs & à ſe renouveller, & n'eſt plus, en grande partie au bout d'un tems, ce qu'il était autrefois. Le point fubftantiel qui le compofe au moment de la conception, fe cache, par fa petiteffe extrême, à l'œil attentif de l'obfervateur curieux: tout ce qu'il acquiert de plus par le tems, c'eft à la nourriture qu'il le doit.

Si donc toute la partie matérielle de l'homme, n'eft autre chofe qu'un compofé de parties fubftantielles des alimens, qui font devenues lui-même: combien n'eft-il pas vraifemblable que la nourriture influe beaucoup fur le moral? C'eft de fang & de carnage que fe nourriffent les lions & les tygres, au lieu que les animaux plus doux ne paiffent que l'herbe des prairies.

Si la nourriture a fur le tempérament une telle influence, croira-t'on que le lait d'une nourrice n'en aura point fur le caractere de l'enfant? Il en a peut-être une très grande, & ce n'eft pas fans trembler que nous pouvons confier à une femme étrangere, pour le nourrir, l'enfant qui fait notre efpérance & qui va peut-être fucer les vices avec le lait.

Connaissons-nous d'ailleurs, à l'afpect d'une nourrice, les défauts intérieurs de ſa conſtitution, les germes de maladies, d'infirmités qu'elle recele en elle-même, les vices du ſang qui coule dans ſes veines: ſources de maux innombrables, qui vont refluer dans la ſubſtance de ſon nourriçon?

COMMENT une mere peut-elle ſe repoſer ſur les ſoins d'une mercénaire, qui concevra peut-être pour l'enfant étranger qui lui eſt remis une tendreſſe maternelle, mais qui peut-être auſſi n'aimera de lui que le bénéfice qu'il lui procure? Eſpere-t'on qu'une femme, ſouvent inconnue & légérement choiſie, ſacrifiera au bien de ſon nourriçon, ſes goûts, ſes plaiſirs & l'amour du gain? C'eſt tout ce qu'on pourrait ſe promettre d'un petit nombre de meres.

UNE jeune nourrice ſe privera-t-elle du plaiſir de participer aux fêtes, de ſe mêler aux danſes du village, & d'acquérir, par la groſſiere vivacité de ſes ſauts, & la lourde rapidité de ſes mouvemens, la gloire de la premiere danſeuſe du canton? Ne prendra-t-elle aucune part à ces feſtins ruſtiques, où le vin brille au milieu des viandes entaſſées, & dont la ſobriété eſt bannie? Ou, ſi la pauvreté lui dé-

fend de fe livrer à la joie, ne partagera-t-el-
le pas les rudes travaux de fon mari, n'ira-t-
elle pas glaner à la fuite des moiffonneurs,
s'unir aux troupes des vendangeufes, ou fe cour-
ber fous le poids des lourds fardeaux?

CEPENDANT l'enfant abandonné pouffe
des cris affreux, fe débat dans les liens qui le
retiennent, s'épuife par fon défespoir, ou contracte, par fes efforts, une infirmité cruelle.
Etroitement enveloppé au milieu de fes dé-
jections corrompues, fermentées par fa propre
chaleur, l'épiderme fe décompofe en écailles
d'un rouge pourpré, fa peau fe couvre de bou-
tons enflammés. Ses maux font augmentés encore par le jeûne, fi dangereux dans ce premier âge de la vie, où la croiffance exige des
réparations fréquentes. La nourrice revient
enfin, & lui laiffe engloutir un lait échauffé,
plus pernicieux encore que la diete.

COMBIEN d'enfans font les victimes de la
faifon des fruits! C'eft alors que les habitans
de la campagne fe dédommagent de la groffié-
reté de leurs repas accoutumés. Une nourrice
dévore avidement des fruits fiévreux & mal
fains & fait fuccer à fon nourriçon le lait qui

en eſt formé & qui participe à leurs qualités vicieuſes.

IL eſt vraiſemblable que les enfans de la campagne périſſent ſouvent dans leurs premieres années par la miſere, par le défaut de ſoins, par la vie mal réglée & peu convenable des femmes qui les allaitent, par les mauvais alimens qu'ils prennent eux-mêmes lorſqu'ils ſont ſevrés : & tel eſt le genre de vie que nous faiſons partager à nos enfans ! Il ne faut pas, ſans doute, les élever avec délicateſſe ; mais, ſi nous voulons les conſerver, il faut leur procurer une nourriture convenable.

A COMBIEN de périls ils ſont expoſés par la négligence des nourrices ! Les uns ſont conſumés ou défigurés par les flammes ; les autres ſont eſtropiés par différens accidens que la prudence aurait pu prévenir ; d'autres ſont mutilés par ces animaux immondes & voraces, avides d'une chair tendre & onctueuſe. Mille exemples ſemblables ſont connus ; les femmes ſe les racontent mutuellement & mêm e les exagerent, ſi pourtant on peut les exagérer : & ces exemples affreux ne peuvent les rappeller aux devoirs de la maternité ?

RIEN ne doit être plus capable d'effrayer les parens qui confient leur progéniture à des nourrices mercénaires, que ces victimes si nombreuses d'un lait empoisonné par une seconde conception. Par quelle confiance téméraire se persuade-t-on qu'une femme habitera sans cesse avec son mari, recevra ses plus vives caresses, s'en verra tendrement invitée au plaisir, sans se rendre aux empressemens, peut-être aux violentes attaques d'un époux, à la voix du desir qui la consume elle-même & d'un tempérament encore exalté par la gêne & la privation? Le moyen le plus sûr, le seul peut-être de résister à nos passions, c'est de fuir les occasions qui nous invitent à les satisfaire. Mais cette femme peut-elle fuir son mari? Et n'est-ce pas s'exagérer la force d'un sexe faible, que de croire qu'elle pourra lui résister toujours? Et n'est-ce pas être injuste, après l'avoir placée sur les bords étroits & glissans du précipice, de l'accuser d'y être tombée?

LA seule circonstance où il devrait être permis de choisir une nourrice étrangere, ce serait lorsqu'on voudrait corriger, dans l'enfant, quelque vice de constitution de la mere, par la conftitution contraire d'une nourrice bien choifie.

CHAPITRE XXIV.

Éducation.

L'ÉDUCATION d'un enfant commence plutôt que le vulgaire ne le croit. La prudence doit le diriger dès le moment de fa naisfance. Une nourrice imbécille s'amufe des pasfions naiffantes de fon nourriçon, fe plait même à les exciter. L'enfant qui n'a encore d'autre langage que fes cris, l'emploie à exprimer fes volontés impérieufes. Quand elles ne font point juftes, il faut déja favoir y réfifter. Si vous lui obéiffez plufieurs fois de fuite, il faudra toujours lui obéir. Si vous réfiftez dès le commencement aux ordres dont fes cris font les interprêtes, il ne les renouvellera plus pour le même fujet.

Qu'on y prenne bien garde : l'enfant à déja les paffions de l'homme fait. Il aime à commander, il eft colere & jaloux. Il frappe fa nourrice, les enfans qui l'environnent, les chofes même inanimées.

ON ne doit pas inférer delà que ces paſſions ſoient en quelque ſorte innées. L'enfant eſt colere, parce qu'accoutumé aux complaiſances, il eſt ſurpris de ſe voir contrarié; il eſt jaloux, parce que ſouvent accablé de careſſes, il lui déplaît d'en être privé.

VEILLEZ, Mere intelligente, à réprimer ces vices commençans. Quel tems voulez-vous attendre pour les corriger? Celui où ils auront déja pris racine, où vous ſerez forcée d'employer les cris, les punitions, les mauvais traitemens répétés, de vous rendre odieuſe? Alors il ſerait trop tard. Soyez tendre, mais ne ſoyez point faible. Craignez les dangereux effets de trop de complaiſance. Si votre enfant exige quelque choſe ſans néceſſité, avec colere, avec empire, que cette raiſon ſuffiſe pour vous défendre de le ſatisfaire. Continuez à ne vous point laiſſer fléchir. Il aura beau pleurer; ne vous rendez point à ſes larmes dès que vous aurez une fois refuſé: car il apprendrait dès lors que ce qu'il n'obtient point tout de ſuite, il peut ſe le faire accorder par l'opiniâtreté. S'il marque de la jalouſie, n'abandonnez pas auſſitôt l'autre enfant à qui vous

accordiez des careſſes, mais inſenſiblement par-
tagez-les également entr'eux, & renouvellez
fréquemment ſous ſes yeux ce ſpectacle de careſſes partagées, juſqu'à ce qu'il n'en ſoit plus
affecté. S'il frappe, rendez-lui le coup, as-
ſez faiblement pour ne lui pas cauſer trop de
douleur, aſſez fort pour qu'il y ſoit ſenſible.
Qu'il puiſſe croire avoir fait aux autres le même mal qu'il reſſent, ou du moins qu'il ne peut
faire aux autres aucun mal, ſans en éprouver
lui-même auſſitôt.

Des femmes maladroites feignent de pleurer
quand leurs petits enfans les ont battues. Ils
ne ſont point dupes de ces grimaces mal faites
& redoublent leurs coups. D'ailleurs les croit-
on capables d'un raiſonnement auſſi compliqué
que celui-ci: J'ai battu cette femme, & elle
pleure; il faut donc que je lui aie fait du mal.
Il connaît les douleurs: mais ſuppoſe-t-il déja
que les autres ſouffrent? Il n'a pas, ſans doute, des idées auſſi étendues. Mais il eſt ſenſible, & il ſaura bien te dire: quand je frappe,
on me fait du mal.

Il y aurait beaucoup de ſageſſe à préparer,
dès ce premier âge, votre enfant à une vie

dure. Quelle que soit sa naissance, il est des-
tiné peut-être à supporter bien des maux. Que
de fatigues l'attendent, auxquelles il succom-
bera bientôt, s'il ne peut leur opposer qu'un
corps faible, qui a pris dans la mollesse un ac-
croissement sans vigueur. Je veux même éloigner de vous les tristes présages de l'infortune.
Mais, s'il est appellé un jour à porter les armes pour sa Patrie, comment sa faiblesse ré-
sistera-t-elle à des alimens grossiers, aux funestes intempéries de l'air, & à l'humidité de
la terre qui souvent lui tiendra lieu de lit ? Accablé, sans avoir combattu, il périra bientôt
sans honneur, & n'emportera pas avec lui la
gloire d'avoir vengé d'avance son trépas par le
sang versé des ennemis.

IMITEZ donc, dans quelqu'état de fortune que vous soyiez, ces Spartiates, ces Ger-
mains, qui n'ont été tant de fois vainqueurs,
que pour avoir opposé à la fatigue des corps
plus robustes que ceux de leurs ennemis.

PROVOQUEZ vous-même votre enfant à
faire usage de toutes ses forces: c'est le moyen
de les augmenter, & elles lui seront un jour
bien précieuses. D'ailleurs cet exercice doit

contribuer à fa fanté. Gardez-vous d'imiter
ces parens qui femblent vouloir interdire à l'enfance tout mouvement, & fe plaire à voir des
machines inactives & ftupides. Que vos enfans
fautent, qu'ils courent, qu'ils portent les fardeaux dont ils pourront fe charger. Laiffez
leur la liberté, vous n'aurez pas befoin de les
exciter à ces rudes exercices. Cet âge craint
le repos & ne redoute pas la fatigue. Tout
eft léger en eux, le phyfique & le moral, parce que l'un tient toujours à l'autre. Plus ils
prendront de mouvemens, plus vous verrez en
eux de cette gaieté vive qui fait le charme du
premier âge. Tous les efprits alors font en
action, tous les nerfs veulent prendre leur reffort, &, fi vous vous oppofez à la Nature a-
lors fi agiffante, ou vous la détruifez, ou vous
nuifez du moins à la perfection de fon ouvrage.

I L ne doit pas leur fuffire de s'exercer ainfi dans des appartemens fouvent renfermés, &
en quelque forte étouffés par la fréquence &
l'élevation des édifices. Il faut les conduire
en plein air, & tous les jours s'il eft poffible,
car l'inconftance du ciel ne fera point alors

dangereuſe, & les enfans y ſeront bientôt accoutumés. L'homme n'a point été formé par
la Nature pour vivre inactif & renfermé ; pour
exercer, environné d'épaiſſes murailles, ces
arts tranquilles qui l'énervent & qui le tuent:
Elle l'a placé ſur la terre pour agir, pour en
arracher avec peine ſa ſubſiſtance. C'eſt lui
qui s'eſt bâti des priſons & qui les a ornées à
ſon gré, ſans les rendre moins mal ſaines ni
moins funeſtes.

LEUR nourriture doit être frugale. Qui ſait
s'ils ne ſeront pas forcés un jour à quelque choſe de plus que de la frugalité. Il eſt néceſſaire que les enfans ſatisfaſſent leur eſtomac,
mais il eſt dangereux qu'ils le ſurchargent, &
ils ſont gourmands. Si l'on flate leur goût, ſi
l'on irrite en eux la paſſion qui les domine,
on ne doit pas croire qu'ils y réſiſteront. Et
quelles ne doivent pas être les dangereuſes con-
ſéquences d'indigeſtions fréquentes dans des
eſtomacs qui ne ſont pas encore formés? Du
pain doit leur ſuffire, auſſi bien qu'aux hommes faits au déjeuné & au gouté: & cet aliment étant peu capable d'aiguillonner la frian-
diſe, il ne faut vraiſemblablement le lour re-

fufer jamais, à quelqu'heure qu'ils en demandent : car ils n'en mangeront pas au delà du befoin qui doit être très fréquent dans un âge où
la Nature demande de quoi fournir à l'accrois-
fement. Il ferait prudent, je crois, de leur
donner moins de viande que de végétaux. Ceux-
ci ont des fibres plus tendres & par conféquent
plus faciles à décompofer par la digeftion. Ils
fourniront une nourriture fuffifante, mais moins
forte, & par conféquent plus proportionnée à
de jeunes eftomacs.

D'AILLEURS, comme on l'a dit, les productions de la terre donneront un caractere plus
doux, que les alimens fournis par le regne a-
nimal. Eh! quelle qualité plus defirable que
la douceur, dans de jeunes êtres deftinés longtems à un état de dépendance !

PEUT-ETRE cependant ne doit on pas les
priver entiérement de l'ufage des viandes.
Ne ferait-il pas même utile de les y accoutumer infenfiblement de bonne heure, puifqu'elles doivent être un jour la bâfe de leur
nourriture & que même la conformation in-
terne de l'homme femble indiquer qu'il n'eft
point deftiné à fe nourrir uniquement de végé-

végétaux , comme les animaux frugivores ?

PLUS l'enfant croitra en âge , plus on doit éviter de foufcrire à fes caprices. C'eft un grand mal que les hommes obéiflent aux enfans. On leur doit des fecours & non de l'obéiffance. On eft obligé de leur aider quand il eft néceffaire ; mais non de fuivre leurs defirs , de partager leurs jeux. On peut condefcendre quelquefois à contribuer à leur amufement ; mais il faut qu'ils s'accoutument à voir, fans murmurer, ceffer ces complaifances. Il ne faut jamais faire pour eux ce qu'ils peuvent faire eux-mêmes : ce ferait les accoutumer trop tôt à exiger des fervices. Que l'expérience leur apprenne à connaître toute leur faibleffe, toute leur dépendance , toute la fupériorité que les hommes faits ont fur eux. Qu'ils prient & ne commandent jamais. Si une fois on fe foumet à leur joug , on apprendra bientôt qu'il n'eft pas de maîtres plus exigeans.

IL ne faut pas non plus les foumettre par caprice à notre obéiffance & nous faire un jeu de mettre leur foumiffion à l'épreuve. Il faut que ce foit par de juftes motifs que nous leur défendons quelque chofe ou que nous le leur

K

preſcrivons. Ils ſont plus éclairés qu'on ne penſe ſur ce qui les touche & reconnaîtraient bientôt que nous abuſons de notre ſupériorité pour uſurper la tyrannie. Leur ignorance, leurs beſoins & leur faibleſſe les mettent aſſez dans notre dépendance. Ne nous étudions pas à avilir leurs ames, ſi nous en voulons faire des hommes & non pas des eſclaves.

Il eſt eſſentiel que ceux qui concourent à l'éducation d'un enfant ne ſe contrarient jamais mutuellement. Que le pere, la mere, les domeſtiques ne faſſent rien que d'intelligence. Si lorſque l'un a repris le jeune éleve pour quelque ſujet que ce ſoit, l'autre le careſſe, le plaint, le conſole, l'enfant ſera certainement du parti du conſolateur. Il commencera à ſoupçonner que les hommes faits peuvent avoir tort quelquefois: ils auront perdu ſa confiance & il ne ſera pas facile de s'y rétablir. Mais ſi, lorſqu'il a fait une faute, il ne voit de tout côté que des viſages ſéveres, il ſe croira réellement coupable, & ſe gardera d'autant plus de retomber dans la même faute, qu'il ſera certain de ne trouver aucun appui.

L'ENFANCE est curieuse. Tous les objets font nouveaux, rien n'est connu & l'on voudrait tout connaître. Delà naissent des questions sans cesse renouvellées. Il serait incommode de se soumettre à y répondre toujours; mais il faut y répondre souvent & surtout ne répondre jamais que la verité. Quelle détestable coutume que celle de se faire un jeu de tromper les enfans! C'est dès lors qu'ils commencent à se faire une provision d'idées: n'est-il pas cruel de leur en imposer, d'abuser de leurs peines pour leur faire emmagasiner des idées fausses? Qu'on juge des efforts prodigieux de mémoire qu'ils font obligés de faire seulement pour retenir les mots de la langue. Ne doit-on pas être effrayé du travail immense que fait leur esprit pour retenir, rassembler, combiner les perceptions les plus simples? Et cependant leurs parens mêmes font assez barbares pour leur remplir la tête de mensonges, pour accabler leurs cerveaux encore faibles d'un fardeau d'absurdités!

RENDEZ à vos enfans un grand service. Fermez leur entendement aux préjugés qui troubleraient longtems & peut-être toujours

leur raifon, & qui altéreraient leur bonheur.
Rien de plus difficile à détruire que les premieres impreffions de l'enfance, tems où l'imagination paffive eft dans toûte fa force. On craindra longtems les fantômes dans l'obfcurité, fi
dans fes premieres années, on a entendu dire
à des femmes crédules que les fantômes viennent errer fur la terre pendant la nuit. On
paffera longtems les nuits avec les diables dé-
guifés fous les formes les plus effrayantes, fi
l'on a lu de trop bonne heure les hiftoires de
ces faints qui paffaient leur vie dans la compa-
gnie des démons qui venaient les tourmenter.
Des imaginations ardentes & faibles font mille
fois plus cruellement harcelées, que ne l'était
dit-on, l'hermite Antoine dans fon défert. On
voit, comme Pafcal, un abyme dévorant, toujours ouvert à fes côtés , fi l'on a été trop frappé dans l'âge tendre des defcriptions inferna-
les dont tant de livres dévôts font remplis. En
vain la raifon déja formée, combat pendant le
jour ces idées abfurdes: l'imagination frappée
triomphe d'elle, dès que les ombres couvren
notre horizon. On peut être encore tourmen-
té dans la vieilleffe, pour les vaines terreur

qu'on a contractées dans l'enfance, & que le jugement a mille fois désavouées.

Souvent les enfans s'ennuient de leurs jeux, &, pour se dissipper, ils font des questions dont ils savent très bien la réponse, uniquement pour engager ceux qui se trouvent là à s'occuper d'eux, à converser avec eux. Alors on peut prendre le parti de leur imposer silence, car il ne faut jamais perdre de vue de les empêcher d'être incommodes.

C'est pour n'avoir pas sû se donner dans les premiers tems quelques peines assez légeres, & pour avoir souffert que leurs enfans, d'abord capricieux & volontaires, devinssent bientôt insupportables, que tant de parens, enfin rebutés d'une gêne devenue réelle par leur faute, remettent leurs enfans en des mains étrangeres, & confient leur éducation à des inconnus.

Un défaut de bien des peres est de vouloir que leurs enfans soient des prodiges d'esprit, lorsqu'ils ne font encore que balbutier. Il faut que, dès le plus bas âge, ils surchargent leur mémoire : on force leur esprit à une tension presque continuelle. Qu'arrive-t-il ? On a le plaiſir d'avoir pendant quelques années des perroquets aſſez bien inſtruits, auxquels ſuccedent des hommes ignorans, ſans capacité, ſans génie, parce que le mécaniſme de leur cerveau a été uſé, avant même qu'ils fuſſent parvenus à l'adolescence.

MAIS ces jeunes hommes ſi ſtupides, n'en ſont pas moins orgueilleux. Ils ont contracté de trop bonne heure l'habitude de ſe voir admirer, pour ne ſe pas croire réellement admirables. Trop ignorans, trop peu ſenſés, pour ſe rendre même compte de leur ineptie, de leur ignorance, ils prennent le ton dominant dans la Société, parlent haut, font taire les vieillards, ſe mocquent de ceux dont les connaiſſances étendues devraient leur en impoſer, & vont produire dans toutes les maiſons où ils pénetrent avec tant de ſuffiſance, le ſpectacle ridicule & déſagréable de jeunes avantageux.

CET eſprit de préſomption & de facilité eſt aſſez ordinairement le partage des jeunes gens qui ont été, de trop bonne heure, abandonnés à eux-mêmes. S'ils ont eu aſſez d'eſprit pour briller au milieu d'une jeuneſſe inepte &

ndifciplinée, s'ils fe font attiré alors la confidération de leurs camarades par quelques idées
brillantes d'un faux éclat, ou par quelques connaiffances faiblement ébauchées, ils ne fe cor-
rigeront jamais de leur vanité babillarde, ou
de leur flegme orgueilleux. Ils voudront, fans
avoir rien acquis de plus qu'une foule d'idées
louches, que l'ufage du monde procure aux esprits faux, briller, dominer dans la Société,
comme ils ont fait autrefois parmi des enfans,
& ne feront jamais que des hommes incommodes & méprifables, & d'infupportables vieillards.

Il eft bien effentiel de travailler de bonne
heure à préferver les enfans de ce vice. N'é-
touffons pas en eux cet amour propre capable
feul, après le befoin, d'arracher les hommes à
l'oifiveté, de leur faire faire des efforts; mais
écartons loin d'eux la préfomption. Que leur
amour propre les porte à travailler pour valoir
quelque chofe, mais que leur vanité ne leur
perfuade pas qu'ils valent déja beaucoup. In-
ftruifons-les: nourriffons, étendons, fortifions
leur efprit; foyons quelquefois contens d'eux
pour les encourager; mais ne les admirons point;

car que croiront-ils avoir encore à faire, fi déja ils font admirables ? Qu'ils interrogent quelquefois, que jamais ils ne décident. Telle eft
l'incertitude des connoiffances humaines, fur
les chofes même les plus communes, que l'esprit décifif eft toujours un efprit faux. Ne leur
donnons point comme des vérités des chofes incertaines : ne leur laiffons pas ignorer combien
on eft rarement certain de connaître la vérité.
Formons l'enfance au grand art de doûter, fi
nous craignons de faire des hommes qui ne dou-
teront jamais.

Apprenons-leur à refpecter les vieillards. Si quelquefois les enfans s'enorgueillis-
fent de favoir des chofes ignorées par des hommes faits, exagérons-leur toutes les qualité
de ces mêmes hommes qui les dédommagen
bien de leur ignorance fur quelques parties.
C'eft ainfi qu'on forme une jeuneffe modefte,
retenue, ennemie de la raillerie, & bien di-
férente de ces jeunes-gens fans barbe, qui fen-
blent fe charger du foin d'inftruire les vieillards
à têtes blanches.

Si l'on doit donner tant de foin à rendre les
jeunes-gens modeftes, à quel point ne faut-il

pas réprimer en eux jufqu'à l'ombre de l'info-
lence? Peu de vices doivent être plus vigou-
reufement repris en eux, que le mépris pour
les pauvres, la dureté pour les domeftiques,
l'affectation de fe faire fervir dans les chofes
qu'eux-mêmes peuvent faire aifément. Mais de
quoi ferviront les leçons d'un pere, fi lui-même témoigne le plus profond mépris pour ceux
que l'arrogance des riches appelle des hommes
de néant?

C'EST l'exemple des peres qui fait la bonne éducation des enfans. Je veux bien, s'il
le faut, que ton fils doive à un autre que toi
les connaiffances qui te manquent, ou que tu
n'as pas le loifir de lui communiquer : mais qu'il
ne reçoive que de toi feul l'exemple & les pré-
ceptes des vertus. —

LES parens ne fauraient avoir trop d'attention à fe contenir devant leurs enfans, à réprimer, en leur préfence, les accès de la colere, à ne fe permettre aucun propos licen-
cieux, à fe défendre tout ce qui pourrait les
inftruire de quelque vice; car ils fe hâte-
raient de les contracter pour reffembler à des
hommes.

Il faut même avoir le courage de rompre avec les Sociétés dont l'imprudence dans les propos & la légéreté licencieuse ne peut se contenir, & deviendrait funeste aux enfans.

Qu'ils aient horreur du mensonge & qu'ils n'entendent jamais mentir.

A Peine peuvent-ils balbutier quelques mots, que nous leur faisons prendre l'habitude de la fausseté. Nous étouffons en eux cette aimable naïveté, cette véracité précieuse qui leur est naturelle. On les gronde quand ils disent ce qu'ils pensent. On dresse même des embuches à leur innocence: on les interroge, & les reproches ne leur sont point épargnés, quand leur réponse n'est pas celle que leurs parens desiraient. On leur fait dire qu'ils aiment ce qu'on veut leur faire aimer, qu'ils n'ont aucune envie de ce qu'ils desirent le plus. C'est avec un soin particulier qu'on les dresse au mensonge, dont par eux-mêmes ils n'auroient point l'idée de longtems, parce que la Nature n'apprend point à parler pour dire le contraire de sa pensée. Par une autre bisarrerie, on les gronde ensuite quand on s'apperçoit de leurs mensonges, quoiqu'on ait pris tant de peine à

leur apprendre à mentir. On a même l'imprudence de les entretenir de fauſſetés ; on les
trompe, & on a la maladreſſe de leur laiſſer
voir qu'on les a trompés. Ils ſont raillés im-
pitoyablement quand ils ont été pris pour dupes. On craint qu'ils n'ignorent trop longtems que les hommes ſont faux & menteurs,
& que, pour vivre avec eux, il faut leur res-
ſembler.

On doit leur accorder toujours les récompenſes qui leur ont été promiſes. C'eſt un engagement pris avec eux ; y manquer, ce ſerait
leur donner un exemple de mauvaiſe foi. Ce
ferait encore un mal de s'excuſer en leur fai-
ſant comprendre l'impoſſibilité de faire ce qu'-
on a promis : car pourquoi promettre légérement ? Comportons-nous, autant qu'il eſt pos-
ſible, avec les enfans comme avec des hommes.

Il eſt auſſi bien eſſentiel de ne les pas me-
nacer, comme on fait ſi ſouvent, de punitions
qu'on ne leur fait jamais éprouver. Et, comme il faut punir rarement, il ne faut pas ſouvent employer la menace. La punition trop
fréquente émouſſe la ſenſibilité & endurcit

contre la crainte, reffort utile dans l'éducation, mais qui s'ufe bientôt fi on le fait jouer
trop fréquemment. La peine promife doit toujours fuivre la faute ; fans cela toutes les me-
naces feront bientôt vaines.

Avoir toujours à la bouche les reproches,
les réprimandes, c'eft le moyen de fe faire méprifer des enfans. Ils fauront bientôt que tout
cela n'eft qu'un vain bruit.

Si l'on jette les hauts cris pour une faute légere, & fouvent pour quelque chofe de moins
qu'une faute, pour une étourderie, pour une légere inadvertance, dont tout homme ferait aus-
fi bien capable, que fera-t-on quand ils auront
mérité quelque grave réprimande ?

Il n'y a point de femmelette qui ne fe croie
fort capable de bien élever fes enfans, & il n'y
a prefque aucune mere qui veuille prendre la
peine d'être fur fes gardes, de veiller fur elle-même, de réprimer fes humeurs, de vaincre fa colere, de régler fes caprices. Une é-
ducation à faire n'eft point une chofe facile :
elle exige le facrifice, peut-être le plus dur
de tous ; celui de toutes fes paffions habitu-
elles.

Un des premiers fentimens qui entre dans le cœur d'un enfant, c'eft celui de la juftice. Il en acquiert l'idée dès la premiere fois qu'il eft injuftement maltraité. Qu'on ait donc grande attention de ne le pas reprendre fans examen, on ne ferait qu'ulcérer fon cœur.

Que de meres grondent, fans fujet, leur enfans par légéreté, & leur paffent les fautes réelles par faibleffes! Les petits malheureux ne favent plus où ils en font; il peut leur devenir indifférent d'avoir raifon ou d'avoir tort, de fe livrer au bien ou d'embraffer le mal. Qui fait s'ils ne conferveront pas toute leur vie du mépris pour la vertu qu'ils ont vu fi mal récompenfée. La vie entiere dépend quelquefois d'une premiere vue de l'enfance. Mere, foyez tendre, mais ferme & réfléchie.

Si, lorfqu'ils commencent à raifonner, on leur fait partager les foins domeftiques; fi on leur en confie quelque partie, fi on les confulte; on leur infpirera de bonne-heure le foin, l'œconomie & l'intelligence d'une foule de détails qu'on ne doit point méprifer, puifqu'ils deviennent fi néceffaires dans le cours de la vie.

CETTE voie de confultation peut devenir encore très utile pour imprimer dans leurs ames les grands principes de la morale. Qu'on faffe naître, qu'on fuppofe des circonftances délicates, où le choix entre le bien & le mal femble difficile; que les amis, les parens fe prêtent à cet utile deffein; qu'on paraiffe bien aife d'avoir leur avis; qu'ils ne puiffent pas foupçonner que c'eft uniquement pour leur inftruction qu'on le demande; que les principes vertueux qu'ils ont établis, foient loués, répétés, répandus; que ces principes leur faffent une forte de réputation, qu'ils leur procurent une forte de gloire parmi ceux qui les environnent; que les nouvelles connaiffances de la famille ne tardent point à en être informées & foient pour les jeunes fages de nouveaux admirateurs: ce fera un grand hazard s'ils ofent jamais, dans la pratique, démentir leurs propres maximes fi bien connues. Une bonne réputation eft une barriere infurmontable qui nous fépare du vice. S'il eft peu d'hommes vertueux, c'eft qu'on eft trop froid à remarquer, à relever les premiers actes de vertu.

LA pareſſe eſt naturelle à l'homme & l'homme en Société eſt deſtiné au travail. Ce n'eſt pas aſſez d'occuper les enfans, il faut leur faire aimer l'occupation ; & ils ne manqueront pas de l'aimer, ſi leurs travaux leur attirent des éloges, des careſſes & des récompenſes. Mais le travail leur ſera bientôt odieux, & peut-être pour toujours, s'il n'eſt ſuivi que de réprimandes & de chagrins.

DANS l'éducation particuliere, dont le grand vice eſt le défaut d'émulation, je voudrais, quand les enfans ſont appliqués à quelques études, à quelques arts, à quelques talens, qu'on eût ſoin d'aſſembler aſſez fréquemment la famille & des amis éclairés, & bien inſtruits d'avance de leurs rolles. Les enfans s'exerceraient devant eux, ſubiraient des examens, les feraient juges de leurs progrès. Les louanges que mériteraient leurs ſuccès, ou la honte qui ſerait la ſuite de leur négligence, leur ferait faire de nouveaux efforts. Déja l'enfant reſſemble à l'homme, il veut jouïr & la plus douce des jouïſſances eſt la conſidération, parce qu'elle en entraîne mille autres après elle.

IL faudrait, dans ces sortes d'examens, a-
voir grande attention de ne pas porter des jugemens trop séveres. Ils exciteraient bientôt
le dégoût. Il faut toujours tempérer la censure
par des éloges & des encouragemens.

IL est une politesse d'usage qui ne consiste
que dans des mots, des postures & des grimaces de convention. On aura toujours assez
tôt de cette politesse-là.

IL en est une autre qui ne tient point au
costume, qui est de tous les tems, de tous les
pays. C'est la pure expression d'une ame humaine & sensible : c'est celle-là qui est de devoir & qui ne saurait être inspirée de trop
bonne-heure.

L'HOMME ne pouvant au premier abord
être jugé que par l'extérieur, il lui est avantageux de se présenter dans la Société sous les
dehors les plus favorables & les plus capables
de lui concilier la bienveillance. Nos habits
nous tiennent de si près, qu'ils entrent pour
quelque chose dans le jugement qu'on fait de
nous. Il faut donc accoutumer les enfans à
une maniere propre & décente de se vêtir.
La malpropreté rebute ; la trop grande né-
gli-

-gligence eſt un manque d'égards pour la Société.

IL y a des hommes de mérite, à qui l'on
ne ſaurait faire accueil quand on ne les connait pas. Le peu de ſoin qu'ils ont d'eux-mêmes reſſemble au délabrement. On dirait que
leurs habits les déguiſent.

ON ſe revêt avec quelque ſoin, mais ſans
recherche, par bienſéance: on veut des habits magnifiques par vanité. L'homme honnête parait avec avantage ſous des habits ſimples & décens; l'homme ordinaire porte des
habits brillans pour éblouir. On ne le remar-
que plus, on ne voit que ſes habits.

IL faut bien ſe garder de faire naître dans
les enfans cette vanité, cet amour de la parure. Meres, ne les admirez pas quand ils ſont
plus parés qu'à l'ordinaire : ne leur faites pas
croire que des choſes vaines peuvent avoir
quelque prix. D'ailleurs ils peuvent éprouver
un jour les coups de la fortune. La pauvreté
n'eſt point un mal par elle-même, quand elle
ne va point juſqu'à la privation du néceſſaire:
mais elle eſt le plus affreux des maux pour
ceux qui ſe ſont accoutumés à la molleſſe, qui

L

se sont fait des besoins superflus. C'est donc préparer bien des peines à ses enfans, que de les élever avec une délicatesse recherchée, de leur faire confondre leurs ajustemens avec eux-mêmes, de leur laisser croire que ces vaines parures ajoutent à leur mérite, de leur faire regarder mille inutilités comme des objets nécessaires, & de leur insinuer que, pour être comme tout le monde, il faut être comme le très petit nombre des riches.

POURQUOI les graces n'entreraient-elles pas pour quelque chose dans l'éducation ? Doit-on négliger les moyens innocens de plaire ? Les Anciens, si austeres dans leurs mœurs, voulaient que leurs enfans apprissent les principes de la gymnastique dont la danse faisait partie. Elle donne aux jeunes gens un maintien ferme & assuré qui les rapproche de l'homme fait. Il en peut résulter qu'ils tâchent de monter leur esprit au niveau de cet extérieur.

UN Pere doit, autant qu'il lui est possible, éloigner de son fils tous les dangers. Il doit lui faire apprendre à nager parce que nul homme ne peut répondre qu'un jour il ne sera pas heureux de pouvoir passer un fleuve à la nage.

il doit lui faire prendre des leçons d'efcrime,
parce que c'eſt un art d'exercice qui augmente l'adreſſe & qui développe le corps, & parce que tout homme peut être attaqué par un
ſcélérat.

Des écrivains voudraient qu'on adoptât l'u-
ſage de quelques anciennes Républiques, dont
les loix ordonnaient que les enfans ne connuſ-
ſent d'autre pere que l'Etat & fuſſent élevés
par les ſoins du Gouvernement. Loix barbares, puiſqu'elles contrediſent la premiere loi
de la Nature. Loix qui ſuffiſent ſeules à prouver que la tyrannie peut ſe trouver même dans
les Etats Républicains. Si le Citoyen a droit
de compter ſur la conſervation de quelque propriété, n'eſt-ce pas ſur celle de ſes enfans, de
cette portion de lui-même qui lui eſt ſi chere?
Eh quoi ? Vous déclamez contre le despotiſme
des Monarques Orientaux, qui ſe regardent,
dites-vous, comme les ſeuls maîtres de toutes
les poſſeſſions de l'Etat ; & vous nous conſeil-
lez des pratiques encore plus cruelles ! Barbares, s'écrierait un tendre pere, prenez ma fortune, & laiſſez moi mes fils.

JE dois, dites-vous, m'oublier moi-même & sacrifier à l'Etat jusqu'à mes entrailles paternelles. Mes enfans qui me feront arrachés au moment où ils verront le jour, ces enfans qui ne fauront jamais quel fut leur pere, feront meilleurs Citoyens, parce que nul lien ne les attachant à aucun Particulier, ils ne tiendront qu'à la Patrie.

FRIVOLE raifonnement, qui cache un vain fophifme ! Qu'eft-ce que la Patrie ? N'eft-ce donc que cette terre qui nous porte ? Quoi ! l'on viendra me dire férieufement que c'eft cette portion de terre que je dois chérir, que c'eft à cette boue de mon pays que je dois un amour exclufif ! Non, Citoyens. Je comprends, & vous comprenez tous avec moi dans ce mot de Patrie, tous nos compatriotes, les Souverains, les Magiftrats qui nous gouvernent & nous protegent, les Guerriers qui nous défendent, les Bienfaiteurs qui ont mérité notre reconnaiffance, les amis qui ont gagné notre cœur, nos Parens, les Auteurs de notre être, ces Epoufes à qui nous avons lié notre fort, ces Enfans qui nous doivent le jour. C'eft l'affem-

blage de tous ces titres qui nous est cher, &
non ces eaux, ces campagnes, ces forêts, ces
édifices, objets inanimés, indignes de notre a-
mour. Privez-nous des titres précieux d'époux
& de peres; vous ôtez aux liens qui nous attachent à la Patrie les chaînons les plus forts.

Les Légiflations modernes, en laiffant aux
parens la propriété de leur progéniture, ont
fait cependant avec fageffe de reftreindre le
pouvoir des peres & de leur ôter le droit de
vie & de mort fur leurs enfans, que les Romains leur avaient accordé.

Un pere fcélérat pourrait donner la mort
à fon fils qui ne voudrait point entrer dans fes
projets criminels & dont il craindrait la vertu:
fon avidité pourrait le porter à vouloir enva-
hir l'héritage de ce fils. Un pere tendre ferait un juge trop doux; il pardonnerait, il
diffimulerait des crimes qui pourraient devenir
dangereux à la Société. Enfin un homme d'u-
ne févere équité, ne pourrait punir fon fils,
même juftement, fans contracter quelque chofe d'un caractere odieux.

Nos loix, favorables à notre tendreffe, femblent ne nous laiffer que le droit de nous fai-

re aimer de nos enfans. Droit précieux, qui doit nous fuffire. Ne tardons pas à dépofer cette efpece de fouveraineté que nous donne le titre de pere, pour jouïr du retour plus flateur de l'amitié. Dès que nos enfans font parvenus à l'adolefcence, ils fentent le befoin d'avoir des amis. Sachons defcendre jufqu'à eux : gagnons leur confiance, allons au devant de leurs cœurs qui ne cherchent qu'à s'épancher. Quittons une morgue déformais dangereufe ; gardons-nous d'effrayer leurs paffions, fans cependant les partager. Méritons qu'ils nous choififfent pour amis, fi nous ne voulons pas qu'ils faffent de mauvais choix. La corruption fuit de près les mauvaifes liaifons contractées par la jeuneffe, & cependant il faut que la jeuneffe fe lie : tâchons donc que ce foit avec nous. Rarement la févérité mal entendue des peres, a rendu les enfans plus vertueux. Elle ne fait que leur infpirer de la rufe pour tromper la vigilance paternelle, que leur faire goûter le coupable plaifir de l'avoir mife en défaut.

La Nature n'a que trop marqué l'inégalité qui eft entre nous & nos enfans : pourquoi la leur rendre encore plus frappante ? Sans notre empire pédantesque, notre âge ne les éloigne déja que trop de nous.

FAISONS donc nos efforts pour captiver leurs cœurs: que nos tendres soins nous assurent de leur reconnaissance. Car, il faut oser le dire, on ne se reconnaît jamais dépendant que par faiblesse & par besoin. Quand nos enfans seront eux-mêmes chefs de famille, quand ils auront par eux-mêmes un état dans la Société, ils ne nous seront plus soumis que d'une soumission volontaire. Ils ne tiendront à nous que par les liens d'une reconnaissance peut-être faiblement sentie, & par ceux du plus froid des sentimens, du respect. Plus nous voudrons conserver un empire qui s'échappera de nos mains, plus nous voudrons exiger d'eux; & plus nous les éloignerons de nous, plus nous nous fermerons le chemin de leurs cœurs. D'ailleurs il est absurde d'exiger de l'amour: il brave tout empire, il est supérieur à toute force ; il se laisse gagner & ne se laisse jamais contraindre.

CHAPITRE XXV.

Amitié.

Ainsi l'amitié n'est pas précisément un devoir; car il faut qu'un devoir puisse se commander; & ne serait-il pas ridicule d'ordonner à un homme d'aimer & d'être aimé?

Mais si les secours mutuels font le prix de l'Etat Social, quels éloges ne mérite pas l'amitié, elle qui offre une union encore plus resserrée que celle des membres politiques; elle qui rend plus sensible encore le commerce de soins réciproques, de conseils, & de consolations, & qui multiplie les liens qui nous attachent à la Patrie, en nous unissant intimement à des Concitoyens dont notre cœur ne peut se séparer.

Tous les hommes rendent hommage à l'amitié, tous célebrent ce sentiment & desirent de trouver des amis, parce qu'ils sentent tous le besoin qu'ils ont de trouver des secours, des appuis physiques ou moraux.

Nous exagérons ce sentiment, nous le poussons en imagination jusqu'à un excès romanesque, nous le faisons consister dans un parfait abandon de foi-même, dans une entiere rénonciation à fes intérêts les plus chers en faveur de la perfonne aimée, parce que nous voudrions bien rencontrer des gens prêts à fe facrifier pour nous: mais nous retranchons beaucoup de notre théorie dans la pratique, parce que nous n'aimons point à nous facrifier nous-mêmes, parce que ce facrifice n'eft point dans la nature.

UNE froide philofophie differte fur l'amitié, en analyfe le fentiment & le rapporte à l'amour de foi. Il eft beau de raifonner fi bien, mais il eft plus doux de fentir. Si c'eft uniquement pour notre intérêt propre que nous aimons, il eft toujours bien flateur pour la perfonne aimée d'être l'objet qui nous intéreffe le plus.

CE n'eft pas, dit-on, la perfonne de votre ami que vous chériffez. Vous aimez fon esprit qui vous amufe, fa complaifance qui vous eft agréable, fa bienfaifance qui vous eft utile. Quel fophifme! comme fi les qualités d'un homme n'étaient pas des parties de lui-même, n'entraient pas dans la conftitution de fon être. Si mon ami n'a pas les qualités que je lui fuppofais, je fuis inconftant fans êtrè condamnable, puifque je ne fais que me corriger de mon erreur. S'il les perd, je change, fans être inconftant, puifqu'il ceffe d'être le même.

CEPENDANT après la perte des qualités qui nous attachaient à notre ami, nous pouvons découvrir en lui d'autres qualités qui nous le font aimer encore. Alors nous fommes inconftans au fein de la fidélité même. Ainfi l'ami que nous aimions à vingt ans, nous plaît par d'autres endroits à quarante. Ainfi la femme qui nous a plu par fa beauté, nous plait encore quelquefois par un mérite plus folide, quand fes charmes font effacés. Quelquefois auffi le fouvenir des fentimens qu'excitait en nous fa beauté, fuffit pour nous la rendre encore agréable.

L'AMITIÉ eft un fentiment exquis & ne femble pas faite pour tous les hommes. Il en eft beaucoup qui, par la féchereffe, la froideur & la rudeffe de leur caractere ne peuvent l'éprouver ni la faire naître. Il en eft d'autres qui en font en quelque forte privés par état: tels font communément ceux qui nagent dans la richéffe & qui ont en main la puiffance.

Ces gens-là n'ont pas besoin d'amis. Il faut trop d'appareil à leurs jouïssances, ils ne font point de cas de celles qu'offre la Nature à tous les hommes. Quel appas trouveraient-ils à des plaisirs, que de pauvres honnêtes-gens peuvent gouter comme eux ?

Il faut à l'homme püissant des esclaves qui tremblent sous son pouvoir, des adulateurs, dont l'œil faussement timide semble n'oser pas s'élever jusqu'à lui, des ames avilies qui implorent sa protection dédaigneuse. Les oreilles hautaines des Grands pourraient-elles se prêter à la voix d'un ami, qui leur apprendrait qu'ils ne font que des hommes ?

La richesse suffit au riche, il n'a plus que le sentiment de son opulence actuelle, le desir de l'augmenter & la crainte de la perdre. Dans les plaisirs, il ne connaît que le faste ; ils n'ont de prix à ses yeux que par leur publicité. Qu'importe qu'il jouïsse, pourvû qu'on envie ses jouïssances ? Il semble, à voir son orgueil, que tout ce qui lui appartient est lui-même, ses terres, ses bijoux, son or. Il le croit, sans doute, puisqu'il en est si vain. A la maniere dont il étale, piece à piece, mille précieuses babioles, il semble dire: regardez, vous ne me connaiffez pas tout entier. Il n'a point d'é-xiftence perfonnelle, fon individu échappe au Spectateur, il n'exifte que dans les magnificen-ces qui l'environnent. S'il lui prend le capri-ce de paraitre avoir des amis, il fera bientôt fatisfait, puifqu'il en peut acheter. Il aura, pour fon argent, une foule empreffée de gens qui en joueront le rôle. Au moindre fignal, ils feront toujours prêts pour la repréfentation. Ils méprifent l'homme, ils aiment fa fortune. Il eft content quand ils ont bien loué fes ha-bits, fes meubles & fes équipages.

L'Amitié eft fur-tout le fentiment des infortunés. Ses plaifirs font tranquilles. Il faut des plaifirs vifs pour picoter le fentiment é-mouffé des heureux.

La douleur dilate les ames: elle aime à s'é-pancher. C'eft fouffrir doublement que de ne pouvoir confier fes fouffrances, de ne les pas voir partager. Il femble, quand on eft plaint, que l'on n'eft plus malheureux: alors on pleu-re moins de trifteffe que du plaifir d'avoir

trouvé un cœur fenfible. Tous les hommes ver-
fent des larmes : heureux qui peut les répandre dans le fein d'un ami !

Mais où le trouver ? Nous fommes durs
dans nos inftans de joie, &, quand notre bouche fourit, notre œil fuit l'afpect du mortel
qui foupire. Le malheureux a befoin d'un ami;
mais c'eft parmi les malheureux qu'il doit le
chercher. Il en eft comme du pauvre : ce n'eft
que le pauvre qu'il trouvera généreux.

Bien des gens cherchent un ami. Pourquoi ? c'eft qu'ils s'ennuient. Il leur faut quelqu'un fur qui ils puiffent paffer leurs humeurs,
aux dépens de qui ils puiffent fatisfaire leurs
caprices ; quelqu'un qu'ils puiffent accabler de
leur babil infipide ou de leur ftupide filence.
Aiment-ils ? Non : mais ils veulent abfolument
être aimés. Ils ne vous lâcheront pas que vous
ne foyiez leur ami. Commencez-vous, par
complaifance, à en faire l'office ? Il faudra le
faire toujours, à toute heure, à tout moment.
Si vous n'êtes pas là dans l'inftant qu'ils defirent, attendez-vous aux plus violens reproches. Vous ferez traité d'ingrat, pour avoir
manqué une fois à obliger. Ce font des tyrans

qui cherchent des victimes & qui se plaignent
quand elles leur échappent.

L'Homme exigeant, l'homme dont la bouche est toujours ouverte aux reproches, l'homme qui ne considere que lui-même, n'est pas
fait pour trouver un ami. Il veut un esclave
& nous craignons tous les fers. N'est-ce pas
un plaisant pacte d'union que de dire: de mon
côté seront toutes les jouïssances, & du vôtre
tous les sacrifices.

Il faut dans l'amitié des conformités de caractere, de goût, de sentiment, de connaissances. Avec ces heureux rapports, on sera
invité par le plaisir à se réunir autant qu'il sera
possible: on ne cherchera point son ami par
complaisance, mais parce qu'on ne peut être
nulle part mieux qu'avec lui.

Deux hommes de caractere trop différent,
se trouveraient mutuellement des défauts énormes. La vivacité de l'un sera traitée d'emportement insupportable; la douceur de l'autre, d'ennuyeuse insipidité. Si les bornes de
l'esprit sont réciproquement placées à une trop
grande distance, l'ennui, l'orgueil de la supériorité d'une part, & de l'autre l'humiliation

de l'infériorité, rompront bientôt une liaison contractée trop légérement. S'il y a une trop grande disparité dans les connaiſſances acqui-ſes, l'un, ſi vous voulez, ne ſachant parler que de poëſie, quand l'autre ne parlera que de métaphyſique; quel agrément pourront-ils recueillir d'une converſation dans laquelle ils ne s'entendront pas? Enfin, s'il y a un trop grand contraſte dans leurs ſentimens, leur u-nion ne ſera qu'un commerce de diſputes interminables, d'où naîtront l'aigreur & la haine.

Il eſt un autre rapport, le plus indiſpen-ſable de tous, & qui peut ſuffire encore dans l'abſence de tous les autres: c'eſt celui de deux cœurs vertueux.

Sans lui, l'amitié ne peut exiſter, puiſ-que la bâſe de ce ſentiment eſt une confiance réciproque, qui ne ſubſiſtera jamais entre deux cœurs livrés au crime.

Deux ſcélérats n'auront jamais qu'une ſeu-le confiance mutuelle: celle qui portera ſur les objets auxquels ils ſont mutuellement intéreſ-ſés. Sur tout le reſte, s'ils ſe connaiſſent bien, ils ſe défieront l'un de l'autre. Ils pourront

être complices fideles, tant que leur compli-
cité pourra leur être avantageufe: mais ils ne
peuvent être amis.

ON dit qu'il faut aimer fes amis avec leurs
défauts, & l'on a raifon; car, la perfection
n'étant point accordée à notre nature, l'indulgence réciproque eft la premiere loi de l'amitié. Mais on n'a jamais dit qu'il faut aimer
fes amis avec leurs fentimens pervers, parce
que l'amitié ne peut être fondée que fur une
eftime fentie de part & d'autre, que de légers défauts ne doivent point altérer, mais
qui ne peut fubfifter avec des penchans criminels.

AINSI l'union amicale une fois contractée,
ne doit pas être rompue par des faibleffes ou
des erreurs: mais elle ceffe, où commence le
crime.

PUISQU'ELLE fuppofe deux cœurs dignes
de s'attacher l'un à l'autre, elle les fuppofe
auffi mutuellement dévoilés. Nos penfées, nos
fentimens font un fardeau pour notre ame quand
il faut les y tenir renfermés. Que les épan-
chemens font doux! qu'on eft heureux de pouvoir penfer haut fans défiance! Que le lâche
qui

qui rompt avec son ami & trahit ses secrets, soit à jamais livré à l'indignation de la Société : que tous les honnêtes gens aient horreur de faire usage des lumieres qu'ils reçoivent de ce perfide : qu'il soit mis au rang de ces vils délateurs qui cherchent à pénétrer, à envenimer les pensées intérieures des Citoyens.

I L semble même, tant l'amitié doit être sacrée, que, si la conversation de deux amis était furtivement surprise par un tiers indiscret ou gagné, aucun tribunal ne pourrait profiter des clartés que fournirait le rapport de cet entretien, parce que les Juges de la terre n'ont point action sur les pensées, & qu'on ne doit regarder que comme une pensée intime, l'ouverture de cœur faite à un ami. Des complots criminels devraient seuls faire exception à cette regle, par la raison déja établie, que deux scélérats ne peuvent plus être considérés comme amis, mais comme complices.

CELUI qui a dit que nous devions vivre avec notre ami, comme s'il devait être un jour notre ennemi, a donné une maxime de prudence, mais il semblait vouloir détruire l'amitié. On

M

attribue ce mot au fage Bias, mais il eft plutôt digne de quelque Sophifte imbu de la fe-
che doctrine de l'égoïsme. L'amitié exclud
toute réferve, à plus forte raifon tout fentiment déshonnorant pour notre ami. Il y a de
la nobleffe dans celui qui eft trop grand, trop
vertueux pour foupçonner que fon ami puiffe
jamais ceffer de l'être & le trahir : il y a toujours de la baffeffe dans la défiance.

DEMANDERA-T-ON quels font les devoirs
de l'amitié ? Eh ! qui les ignore ? Ne fait-on
pas qu'elle exige des déférences réciproques,
des confeils dans les conjonctures difficiles, des
confolations dans les malheurs, de l'appui dans
les démarches, des fecours dans l'infortune,
une fenfibilité également partagée ? Qu'ajou-
terai-je encore ? Et à quoi bon écrire ce qui
eft généralement connu, quoique très rarement
pratiqué ?

COMME il importe au Corps Social d'avoir
beaucoup de membres vertueux, il lui eft u-
tile de renfermer un grand nombre de Citoyen
dignes de connaître l'amitié & de trouver des
amis.

CHAPITRE XXVI.

Gloire, estime, mépris, opprobre.

C'EST donc par le bien que l'amitié rapporte aux hommes qu'elle est si recommandable. Qu'on examine de même tous les actes qui obtiennent l'approbation, on verra qu'ils la doivent aux avantages que la Société en retire; qu'on jette un coup d'œil sur les qualités qui attirent le blâme, on reconnaîtra qu'elles sont nuisibles à la Société.

Un homme est-il utile à un grand nombre d'autres hommes; soit qu'il les défende par son courage, soit qu'il les rende plus heureux par la sagesse de ses loix, soit qu'il rétablisse entr'eux l'union par l'équité de ses jugemens, soit qu'il les éclaire par son génie: il obtient ce qu'on appelle de la gloire, qui n'est autre chose qu'une estime très généralement répandue.

L'APPROBATION resserrée dans un cercle plus étroit, à laquelle on donne simplement le nom d'estime, est accordée au bon pere de famille, qui est utile à ses enfans, & à la Société, à laquelle il donnera de bons Citoyens:

A L'HOMME de probité avec qui l'on peut traiter sûrement & de la part duquel on ne peut craindre aucun tort:

A CELUI qui exerce un talent avec quelque distinction, qui ne menace pas de devenir un fardeau pour la Société & qui même contribue pour sa part à l'enrichir.

AU cœur généreux qui loin de recéler sa fortune, la fait partager à plusieurs de ses Concitoyens. Si cette fortune est grande, les effets de la générosité devenant plus sensibles, peuvent mériter de la gloire.

MAIS si la fortune d'un Citoyen est bornée, il acquierra de l'estime par une sage œconomie, & par les bornes mêmes qu'il sera obligé de prescrire à son caractere bienfaisant.

QUEL est celui qu'on méprise?

L'HOMME intempérant, parce que les suites de ses vices le rendent incapable de rien d'utile:

LE dissippateur, parce qu'il menace d'être à charge à ses Concitoyens quand il aura perdu ses ressources:

LE joueur, fût-il honnête homme, par la même raifon, & parce qu'il eft menacé de ne pas garder fa probité dans l'infortune:

L'AVARE, parce que perfonne n'en peut efpérer aucun fecours:

L'HOMME oifif, qui, fans faire aucun bien, confume, comme les frélons, la nourriture des abeilles ouvrieres:

LE menteur, parce qu'étant fouvent dangereux pour les hommes d'être trompés, ils ne veulent l'être jamais, & que, quand ils interrogent ou qu'ils fe donnent la peine d'écouter, ils s'attendent raifonnablement à entendre la vérité. D'ailleurs peut-on croire que celui qui nous trompe fans aucun motif apparent, me cherchera pas encore d'avantage à nous tromper, quand il y fera excité par fon intérêt.

QUI couvre-t'on d'opprobre?

CEUX qui fe font montrés capables de faire des actions nuifibles à quelques Citoyens.

TELS font en général les jugemens des hommes: presque toujours équitables quand ils prononcent fur les actions & très fouvent injuftes, quand ils prononcent fur leurs auteurs.

M 3

CHAPITRE XXVII.

Bienfaisance.

LE devoir d'un Citoyen est d'être utile à la Société. Il ne suffit donc pas qu'il se défende de faire aucun mal aux autres, d'être injuste, de désobéir aux loix: il faut encore qu'il fasse tout le bien qu'il peut faire, qu'il rende tous les services qui dépendent de lui.

AUCUN homme, en quelque haut degré d'élévation & de fortune qu'il se trouve placé, n'est tellement indépendant des autres, qu'il ne puisse desirer de trouver des hommes bienfaisans. Qui donc a droit de s'exempter de l'être ?

LA bienfaisance est différente de la générosité. Elle n'exige pas la richesse. Il n'y a personne qui ne puisse être bienfaisant, puisqu'il n'y a personne qui ne puisse être utile à un autre. Quiconque me conseille, m'instruit, me console, me rend facile quelque pas glissant de la vie, est mon bienfaiteur. L'homme puissant qui m'offre son crédit, le riche qui m'offre de l'or, est souvent un fat qui m'insulte.

C E L U I-L À est le bienfaiteur de ses Concitoyens, qui produit des travaux utiles à la Société, soit qu'il l'éclaire par son génie, soit que, par ses mains, il lui paie le contingent de son labeur.

C E L U I qui reste dans l'oisiveté est indigne de partager les avantages de l'Etat Social.

I L y a des gens qui, sans tenir aux richesses, ne rejettent aucun moyen d'en acquérir, employant l'injustice, la ruse, les rapines, la concussion, refusant de payer leurs créanciers légitimes, dissippant le bien de leurs pupilles & répandant l'or de tous côtés. C'est voler d'une main, pour donner de l'autre.

I L faut prendre garde que notre bienfaisance ne l'emporte sur nos facultés. Comme il est de l'intérêt de la Société que chaque Citoyen soit conservé, & que nul ne peut avoir une garde plus sûre que lui-même : chacun doit penser d'abord à sa conservation propre, ensuite à celle de sa famille. Ainsi celui-là serait plutôt prodigue & imprudent que bienfaisant & généreux, qui, pour être utile à des étrangers, dissipperait sa fortune dont il est comptable à ses descendans. Il est beau de savoir

M 4

donner, mais il faut favoir donner avec retenue.

L a générofité, dit Cicéron, épuife elle-
même fes propres moyens. Qu'y a-t-il de plus
inconfidéré que de fe mettre hors d'état de faire longtems ce que l'on fait avec plaifir? Il n'y
a point de bornes à la générofité; car ceux
qui en profitent, infpirent à d'autres l'envie
de participer aux mêmes bienfaits.

C e l u i qui donne fans compter, ne pourra être longtems généreux.

M a i s on trouve plus fouvent des hommes
durs, qui ne manquent jamais de prétextes pour
repouffer le malheureux. Ils vous diront avec
un orgueil froid, &, comme s'applaudiffant eux-
mêmes de leur bonne conduite, à laquelle ils
font peut-être moins redevables qu'à la faveur
des conjonctures, que cet infortuné eft indigne
de fecours, qu'il s'eft attiré fon malheur.

Eh! quoi? N'as-tu jamais fait de fautes,
toi-même? Je t'accorde que cet indigent ait
des reproches à fe faire. Il a follement diffippé fon héritage: foit. Il n'a pas affez aimé le
travail: je le veux. Il a même donné dans le
défordre: paffons. Mais fes fautes méritent-

elles la mort ? Et ta dureté l'y condamne ! Si, par imprudence, un homme est près de tomber dans un précipice, refuseras-tu de lui tendre la main ?

BEAUCOUP aiment mieux faire des présens à des gens qui n'ont aucun besoin, que de soulager l'indigence. Impitoyable par nature, généreux par ostentation. Quand on peut donner, que ce soit à celui qui a le plus de besoin. Mais souvent on donne par cupidité : on seme pour recueillir.

COMBIEN de fois on rendrait un grand service au malheureux, en lui donnant ce qu'on rejette ! La destruction, la dissippation de ce qui nous est superflu & qui peut servir aux autres, est un attentat contre l'esprit social.

LES services rendus à un homme de mérite honorent le bienfaiteur & font réjaillir sur lui des rayons de la gloire de celui qui a reçu le bienfait.

C'EST un hommage qu'un homme honnête rend à un autre, quand il veut bien lui avoir obligation. Un cœur fier, parce qu'il se rend à lui-même témoignage de sa vertu, ne trouve pas tous les hommes dignes de lui rendre service.

CELUI qui a fait du bien & qui exige du retour, perd le titre de bienfaiteur, & n'eſt plus qu'un créancier rigoureux.

CHAPITRE XXVIII.

Reconnaiſſance.

CEPENDANT il ne faut pas croire qu'un bienfait ne mérite pas de reconnaiſſance. C'eſt à l'homme bienfaiſant d'oublier ce qu'il a fait, à l'obligé de s'en ſouvenir. Il eſt vrai, comme dit Puffendorff, que l'ingrat n'eſt point injuſte, parce que celui qui a donné, n'a rien exigé en retour. Cependant l'ingratitude eſt autant abhorrée que l'injuſtice même. Elle eſt d'une ame baſſe, qui ne rougit point de ſe dégrader & de ſe déclarer peu digne de l'opinion qu'avait conçue de lui le bienfaiteur.

IL ferait à ſouhaiter que nous fuſſions ſemblables à ces terres fertiles qui rendent plus qu'elles n'ont reçu. La reconnaiſſance n'exige pourtant pas un échange égal. Elle peut exiſter dans le cœur & ne pouvoir ſe manifeſter par des effets. Des ſoins zélés, de l'amour envers le bienfaiteur, des ſervices proportionnés au pouvoir de l'obligé, même l'intention, s'il n'est capable de rien de plus, suffisent pour l'empêcher d'être ingrat.

GARDONS-NOUS de faire naître le repentir dans l'ame d'un mortel généreux. Sur-tout ne rougissons pas de ses bienfaits & ne fuyons pas son aspect comme celui d'un ennemi. Il n'est que trop vrai que c'est une reconnaissance rare, que de supporter sans peine la présence de ceux à qui l'on doit tout.

AVOIR honte d'un bienfait reçu, c'est rougir d'avoir été jugé digne d'être obligé.

CHAPITRE XXIX.

Avarice.

LE vice le plus opposé à la bienfaisance, l'avarice, est de toutes les passions la plus absurde, puisqu'elle ne porte que sur l'opinion, sans aucun objet réel.

TOUTES les autres passions offrent des agrémens à ceux qu'elles possedent. Elles flatent les sens, leur germe se trouve dans la Nature. Poussées à l'excès, bien des maux les suivent: mais c'est toujours le plaisir qui les accompagne. L'avarice fait elle-même le tourment des

infenfés qui s'abandonnent à elle: elle ne parait qu'environnée des noirs foucis.

QUELLE folie d'accumuler, pour n'en faire aucun ufage, ce qui n'a de valeur que par
l'ufage même; de s'attacher à la poffeffion d'un
figne repréfentatif, fans vouloir jamais fe procurer rien de ce qu'il repréfente; d'embraffer
toujours une image vaine & de repouffer opiniâtrément la réalité !

CE vice ne laiffe qu'une humeur noire, à
la place de toutes les heureufes affections que
donne la Nature. L'avare n'eft ni Epoux, ni
Pere, ni Ami, ni Citoyen, ni Homme: il n'eft
qu'avare.

IL vole fes Concitoyens en interceptant, autant qu'il eft en lui, la circulation des efpeces. Il craint d'accorder aux ouvriers le jufte
falaire qu'ils ont droit d'attendre, il fait lan-
guir fa femme dans le chagrin des privations
au milieu des richeffes, prive fes enfans de l'é-
ducation, leur refufe dans un âge plus avancé
les moyens de fe procurer un état, abandonne
aux douleurs l'infortuné qui pourrait être fou-
lagé par de médiocres fecours, & fe refufe à
lui-même ce qu'exige la Nature.

LES plaisirs ne peuvent l'émouvoir, les larmes ne peuvent l'attendrir. Chez lui tous les sens font annéantis ; ses yeux seuls ont encore une jouissance : la vue de l'or.

COMMENT, avec un tel amour pour les richesses, se refusera-t-'on aux moyens injustes & bas d'en acquérir ?

DU moins l'avarice rend toujours l'homme bien coupable, puisqu'elle l'empêche de faire aucun bien. C'est le vice d'une petite ame, qui ne produit que des actes ignobles, & ne s'allie qu'à de petites & froides passions.

L'AVARE est bien malheureux. Sa famille souhaite sa mort, les fripons lui dressent des embuches, tous les hommes le fuient, le méprisent & l'abandonnent au supplice qu'il s'est forgé lui même.

CHAPITRE XXX.

Humanité.

LA bienfaisance étendue sur toute l'espece humaine, forme cette belle vertu que l'on nomme humanité : vertu dont l'exercice n'a d'autres bornes que celles du monde, & qui rend précieux & chers tous les Etres intelligens & senfibles.

L'ETAT peut avoir d'autres Etats pour ennemis: mais l'homme ne doit pas connaître d'homme qu'il haïffe. Un Citoyen, qui a prêté ferment fous les drapeaux de la République, peut, fans manquer à l'humanité, donner la mort à quiconque porte les armes pour un Etat ennemi. Mais, hors des combats, tous les hommes doivent être mutuellement facrés les uns pour les autres, quelque diffention qu'il puiffe y avoir entre les Puiffances.

LA douce compaffion & l'intérêt réciproque n'avaient pas encore affez tempéré chez les Romains les droits cruels de la guerre. Cependant ils étaient affez éclairés pour regarder comme des meurtiers ceux qui, fans avoir prêté le ferment militaire, fe mêlaient dans les armées, & donnaient la mort aux ennemis de la République.

LE fils du vieux Caton, étant en Macédoine dans la guerre contre le Roi Perfée, fut licencié par le Conful. Son pere lui ordonna de ne point fe trouver à l'action, parce que, n'étant plus compris dans le nombre des Soldats, il avait perdu le droit de combattre comtre les ennemis.

Si tous écoutaient la voix de l'humanité, les recueils des loix feraient bien courts, puifqu'il n'y aurait ni oppreffion, ni injuftice, ni perfécutions, ni querelles, ni méfaits. La paix régneroit fur la terre, entre des Puiffances éprifes du bonheur des humains, parmi des hommes amis des autres hommes.

On ne verrait dans fes femblables que des freres, fous quelque puiffance qu'ils vécuffent, quels que fuffent les degrés de leurs lumiere, la perfection de leur police, leur maniere d'adorer leur auteur. On ne voit à préfent dans la plus grande partie de fes femblables, que des ennemis, des étrangers, des barbares & des impies.

Eh ! quelle plus grande impiété que de méprifer, de haïr ceux que le Créateur nous a donnés pour freres, d'abhorrer, de déchirer fes plus précieux ouvrages, de faire régner la haine & la défolation dans le féjour qu'il nous a marqué ?

Malheureux que nous fommes par les maux attachés à notre nature, nous mettons tous nos foins à les aggraver ! Nous n'avons que quelques jours à paſſer enſemble & nous les employons à nous porter les plus rudes coups !

Vous vous plaignez, triſtes humains ! Hélas ! n'accuſez que vous-mêmes. Vous forgez de vos propres mains, vous vous étudiez à rendre plus cruels, les inſtrumens de vos ſupplices.

Quand la ſainte humanité ſera révérée ſur la terre, on y verra le bonheur régner avec elle.

CHAPITRE XXXI.

Luxe.

Parmi les inſtrumens de nos peines, le luxe tient un des premiers rangs, puiſque c'eſt de lui que découlent preſque tous ces maux factices, mais ſi ſenſibles, qui ne ſont pas cauſés par la ſouffrance phyſique de l'individu.

D'un autre côté, il fait fleurir les Etats, & procure aux Citoyens mille commodités, mille plaiſirs. Supprimez le luxe, vous ôtez cette vie qui anime les empires.

Il ſemble nuire à la population, parce qu'il fait craindre le grand nombre d'enfans à ceux
qui

qui ne pourraient plus foutenir leur fafte. Il eft favorable à la population, parce qu'il fait travailler & vivre un grand nombre de Citoyens.

On a beaucoup écrit fur les maux qu'entraîne le luxe, on y a propofé beaucoup de remedes. Quelques-uns des livres où l'on agite ces matieres font affez bien faits pour amufer le loifir de quelques lecteurs, qui trouveront qu'il y a du bon dans ces écrits, & qui en interrompront la lecture pour ordonner de nouveaux ornemens à leur fallon, ou pour commander à leur fellier le plus lefte équipage.

Pendant que l'ouvrage nouveau fe débite, & que tout fafte y eft terraffé, d'habiles architectes conftruifent des palais, de bons peintres en décorent l'intérieur, des brodeurs ajoutent une valeur nouvelle aux étoffes les plus précieufes & les comédiens donnent une tragédie nouvelle, dont une feule repréfentation fera circuler plus d'argent que la production philofophique & contribuera par conféquent au bonheur d'un plus grand nombre de Citoyens.

On parle tous les jours du luxe, & rien n'eft plus difficile à définir, ni moins défini que le luxe.

N

UN homme qui a un revenu confidérable, fait une dépenfe conforme à ce revenu & fe procure bien des chofes qui ne font pas de premiere utilité. Cet homme a-t-il du luxe? Mais, s'il renfermait les produits annuels de fa fortune, pour en former un tréfor, alors il ferait mauvais Citoyen, puifqu'il recélerait dans fes coffres ce dont il n'a que l'ufufruit & qui doit être répandu dans la circulation. Chaque particulier doit avoir l'ufage libre de fes biens; mais fes biens doivent être cependant ceux de tous: ils le deviennent en effet & fe répandent fur quantité de membres de la Société en paffant par un nombre infini de canaux. Le riche avare fait un vol à la Société.

L'HOMME pauvre qui prive fa famille du néceffaire pour briller par des objets fuperflus, donne dans un luxe odieux, & eft criminel envers lui-même à qui il prépare une foule de maux, & envers tous ceux qu'il fait fouffrir par un vain amour du fafte.

ON trouve dans les villes riches beaucoup d'hommes, qui n'ont d'autre bien que le produit de leur induftrie, & qui, pour s'élever au niveau de ceux qui jouïffent d'une aifance fo-

lidement fondée, diffippent tout ce que l'induftrie leur rapporte. Ils vivent dans un fafte
difproportionné à leur condition & qui ne porte que fur leurs moyens cafuels & inftantanés;
ils laiffent leurs enfans dans la mifere & l'éprouvent eux-mêmes quand ils parviennent à la vieilleffe. Leur imprudence eft condamnable ; mais
je ne penfe pas qu'elle doive être réprimée par
les loix. Il eft, je crois, avantageux à la Société qu'il y ait de ces imprudens. Car l'Etat
fouffrirait un défaut de circulation très fenfible,
fi tous ceux à qui leur induftrie produit au delà du néceffaire penfaient à l'avenir & reffer-
raient leur fuperflu. Leurs enfans, qui fe trouveraient maîtres d'une certaine fortune, n'exerceraient pas de ces profeffions de premiere u-
tilité auxquelles la diffippation de leurs peres
les condamne. Notre pofition eft telle que la
folie eft bonne à quelque chofe.

MAIS celui qui, pour paraître avec éclat,
contracte témérairement des dettes auxquelles
il eft incertain de fatisfaire, mérite d'être ré-
primé par le Gouvernement. Il vole des particuliers qui ont trop compté fur fa bonne-foi,

il détruit, autant qu'il eſt en lui, la confiance due aux honnêtes - gens.

Lorsqu'un Peuple manque d'induſtrie, celui qui prodigue ſes richeſſes à l'étranger, pour ſe procurer des objets de luxe, eſt un mauvais Citoyen qui augmente, autant que ſes facultés le lui permettent, la miſere de ſa Patrie.

Quand, dans un Etat, il y a un nombre ſuffiſant de Cultivateurs & de Soldats, que feront les autres? Ou ils periront dans l'inutilité & dans la miſere, & la population ſera arrêtée: ou ils s'adonneront à des arts qui ne ſeront pas de premiere néceſſité. Ils ne pourront donc alors ſubſiſter que par le luxe.

Un homme qui fait bâtir donne dans le luxe, car une chaumiere ſuffit. Celui qui porte d'autres vêtemens que de fil & de laine commune, donne dans le luxe; car on peut être ſuffiſamment vêtu, ſuivant les différentes ſaiſons, avec du gros drap, une bonne peluche épaiſſe, du camelot & de la toile. Supprimez donc, dans un Etat floriſſant, tous les arts qui ſervent à la belle conſtruction & à la

décoration des bâtimens, toutes les manufactu-
res d'étoffes fines ou précieuses, toutes celles
de bonneterie en foie & des différentes bagatelles qui entrent dans un habillement un peu
recherché: que deviendront tant de Citoyens?
On les employera aux arts d'une utilité abfolue. Mais apparemment que ces mêmes arts
font cultivés, puifqu'ils nourriffent ceux qui
s'occupent des arts d'agrémens. L'homme induftrieux fait vivre le Colon; le Colon fait vivre l'homme induftrieux. Tous deux enrichif-
fent l'Etat & méritent des récompenfes.

Ceux qui font travalller les hommes induftrieux, doivent fouvent eux-mêmes à leur
propre induftrie, c'eft à dire à des arts de luxe, cette aifance qui les rend utiles; les ouvriers en emploient d'autres, qui, à leur tour,
contribuent à la fubfiftance de quantité d'autres.

On étudie les mœurs d'un petit Peuple naif-
fant, & l'on veut nous les faire adopter. C'eft
renvoyer un homme robufte au lait de fa nourrice.

Cependant le fage rejettera loin de lui,
autant que l'ufage impérieux pourra le lui per-

mettre, les productions du luxe, ou il ne les prendra que pour ce qu'elles valent, & n'y fera jamais attaché. Mais il n'y aura que peu de fages, & les chofes n'en iront pas plus mal.

LES autres continueront d'entretenir le luxe par leur fortune ou par leurs travaux, &, tant qu'ils n'y facrifieront qu'en confultant leurs facultés, la Société n'en fera que plus active.

CHAPITRE XXXII.

Aumône.

MAIS, dira-t-on, le riche n'a pas befoin de diffipper fes revenus en dépenfes qui ne font pas d'abfolue néceffité. Il peut répandre fes richeffes dans le fein du malheureux.

OUI, fans doute, il eft beau d'employer fes facultés à fecourir l'infortune. Mais ici une trifte vérité m'échappe. C'eft que l'aumône, diftribuée fans intelligence, peut être fouvent dangereufe.

LA meilleure aumône qu'un riche puiffe faire, c'eft de dépenfer fon revenu. Il fait vivre les marchands, les ouvriers, qui, à leur tour, fourniffent à la fubfiftance de ceux dont ils tirent les matieres premieres, ou les chofes néceffaires à la vie. Ainfi chacun vit, chacun travaille, & il n'y a que le pareffeux qui refte inutile dans l'Etat.

DES charités trop abondantes feraient au contraire naître la pareffe. Cet ouvrier, qui fubfifte de fon travail, aimerait mieux fe tenir tranquille & vivre aux dépens du riche qui nourrirait fon oifiveté.

JE fuppofe qu'un homme dont la fortune monte à un million de livres, life quelque part, qu'autrefois des perfonnages révérés diftribuerent tous leurs biens aux pauvres: qu'il veuille imiter cet exemple, qu'il vende fes terres, fes maifons & diftribue fon million à deux mille indigens. Voilà d'abord un homme hors d'état d'aider à l'avenir les malheureux : mais voilà deux mille hommes dont la moitié ne travaillera plus qu'avec beaucoup de relâchement & dont l'autre ne fera rien du tout. Il fuit delà une grande diminution de travail & par conféquent une grande perte dans l'Etat. Chacun enfin, ayant diffippé fon contingent, fera obligé de retourner à l'ouvrage dont il aura perdu l'habitude. Heureux encore, fi, après un auffi long repos, ils trouvent l'occafion de travailler! Car, parmi ceux qui vivent de leur labeur, c'eft l'ouvrage qui amene l'ouvrage.

MAIS fi au contraire notre riche garde fon bien, il dépenfera chaque année cinquante mille livres, qu'il répandra en portions inégales fur une quantité confidérable d'hommes qui ne le connaiffent point, qu'il ne verra jamais, & qui cependant contribuent à fes befoins & à fes plaifirs.

IL eft, fans doute, néceffaire de fecourir le malheureux, qui trouverait la mort dans une indigence dont il ne peut fortir. Mais ces fecours ne doivent pas faire naître en lui la pareffe; ils doivent être proportionnés à fes befoins preffans, le rappeller au travail & non pas l'en détourner.

MAUDIT foit le cœur dur qui voit fouffrir le miférable, fans prendre pitié de fon fort! Mais craignons de faire retomber l'infortuné dans des malheurs plus grands que ceux qu'il éprouve, quand nous ne pourrons plus aider fa mifere: tremblons de le rendre inutile à la Société, fi, par une prodigalité indifcrette, nous l'encourageons à l'oifiveté.

N U L homme ne doit attendre que de lui-même sa subsistance. Fournissons au malheureux à qui ils manquent, les moyens de se la procurer: mais qu'il s'aide quand nous l'aurons secouru, & qu'il ne s'accoutume pas à croire que, dans un tranquille repos, il doit tout attendre de ses bienfaiteurs.

C E L U I - L À est un imprudent Citoyen, qui ôte à un homme son énergie, lui avilit l'ame, lui rend inutile l'exercice de ses facultés & fait naître en lui les mœurs & l'esprit d'un gueux, qui pense que les autres lui doivent tout, & qu'il ne se doit rien.

M A I S à qui parlé-je, quand je veux donner des bornes à la générosité. Mortels, ô durs mortels, ces avis ne vous sont pas nécessaires. Ecoutez plutôt la voix de l'humanité qui vous crie: hommes, vous êtes menacés de tous les maux qui affligent les hommes: secourez donc les malheureux.

CHAPITRE XXXIII.

Principe des Passions.

L E Grand-Etre a voulu que les vents soule-
vassent les flots de la mer, & qu'ils agitassent
ce liquide immense, qui, sans eux, n'aurait
formé qu'un vaste amas d'eaux croupissantes,
dont les exhalaisons funestes auraient porté la
mort sur la terre: il a voulu de même que la
vie de l'homme fût agitée par les vents impétueux des passions, & qu'il reçût d'eux un
mouvement, dont il aurait manqué sans leur
secours.

Si je veux remonter à leur source, je la trouve dans les premiers besoins de l'homme, la
faim, l'amour & la necessité de repousser les
attaques de la Nature. On peut encore reconnaître un besoin qui se fait sentir quand les autres sont satisfaits: celui du repos.

Tous ces besoins se présentent à l'homme
Sauvage sous la forme la plus simple. Quand
il ne sent ni l'aiguillon de la faim, ni celui de
l'amour, & que d'ailleurs il est sans crainte, il
cherche un abri & se repose.

L'Homme nouvellement réuni en Société n'eſt gueres plus recherché dans les moyens de ſatisfaire ſes beſoins. Mais quand une fois il s'eſt accoutumé à avoir des poſſeſſions, quand il eſt parvenu à ſe former un langage, quand il a aggrandi le cercle d'abord très étroit de ſes idées, tout change pour lui, & ſes beſoins ceſſent de ſe borner au premier cri de la Nature.

Ce n'eſt plus aſſez pour lui de ſe nourrir ; il veut trouver du plaiſir à réparer les pertes qu'il fait ſaus ceſſe de ſa propre ſubſtance. Il n'avait d'abord que des ſenſations, il commence à avoir des goûts. Il met du choix dans ſes affections & la premiere femme qui pourrait lui faire éprouver les plaiſirs de l'amour, n'eſt pas toujours celle avec qui il veut les goûter. Le tems approche où il ne ſe contentera pas d'un vêtement chaud pour ſe garantir des rigueurs de l'hiver, ni d'un abri commode pour y prendre le repos, il a commencé par ſatisfaire ſes beſoins : enſuite il a joüi : bientôt il voudra jouïr avec délices.

L'Homme, s'étant formé un langage, a acquis de la mémoire. Le ſouvenir du paſſé donne de la prévoyance pour l'avenir. Ce n'eſt pas aſſez de ne pas éprouver le beſoin, il faut n'avoir point à le craindre. La poſſeſſion actuelle ne tranquilliſe point, s'il reſte des inquiétudes ſur des privations futures. Il faut avoir beaucoup, pour ne pas craindre de manquer.

IL a dû remarquer qu'il pouvait tirer des ſervices de ſes ſemblables. Il concevra l'envie de s'en aſſervir un grand nombre. Ceux qu'il ne pourra pas ſe ſoumettre, il voudra du moins ſe les attacher; & il verra que les hommes s'attachent, ſans trop y réfléchir, à ceux qui paraiſſent pouvoir leur être utiles, lors même qu'ils n'en attendent aucune utilité. Ainſi il aura intérêt d'affecter de la puiſſance, de la grandeur, des richeſſes, du mérite; & il en affectera beaucoup plus qu'il n'en poſſede.

COMME il s'aime plus que les autres, il voudra avoir plus qu'aucun autre des qualités ou des avantages qui peuvent être utiles ou agréables. Il ne ſaurait ignorer longtems que les avantages qu'il poſſede ou qu'il croit poſſéder, ne ſont pas le partage de tous: ainſi il s'eſtimera plus que bien d'autres.

S'IL naît dans un climat qui exige peu de lui, il ne se forcera point lui-même à dès recherches que ne lui impose pas la nécessité. Il aura moins d'activité, de goût, d'industrie: il aura moins de ces passions qui font inventer, qui perfectionnent les arts agréables & utiles, qui rendent capables d'éclairer les hommes. Il aimera mieux dominer sur eux, & les passions qui seront en lui plus exaltées, seront l'ambition & l'amour.

S'IL est né sur une terre qui se refuse opiniâtrément à ses efforts, toujours occupé du soin de la vaincre, il ne pourra se livrer à d'autres travaux. Ainsi la poësie, les belles lettres, les arts d'agrément & de commodité, la philosophie ne fleuriront jamais parmi les infortunés habitans de la Laponie.

MAIS dans les climats tempérés, l'homme est forcé à un travail presque toujours récompensé par la Nature, qui lui fait acheter ses bienfaits, mais qui manque rarement à lui payer ce qu'elle lui doit. C'est là que l'action, une fois imprimée à l'homme par la nécessité, ne cessera pas quand la nécessité sera satisfaite, c'est là qu'il s'élevera, en quelque sorte, au

deſſus de lui-même, & qu'il acquierra une é-
nergie productive à laquelle ne s'éleveront jamais les Nations auxquelles il porte envie, ni
celles dont il plaint la deſtinée.

PAR la même raiſon on verra partout que
ce ſont les hommes d'une condition moyenne,
qui ſe diſtingueront le plus par les talens.

AINSI ſe réſoud ce problême : pourquoi les
Peuples de l'Orient & du Midi n'ont-ils point
ce génie qui diſtingue les Nations de l'Euro-
pe? C'eſt qu'ils commencent par avoir moins
de beſoins.

NOUS ſommes pareſſeux : la néceſſité nous
imprime le mouvement qui enſuite ne s'arrê-
te plus. Si elle exige peu de l'homme, il reſte
en repos. Si elle exige toujours, il ne ſe meut
que pour elle. Si elle ceſſe d'exiger, il continue de ſe mouvoir pour l'agrément.

CHAPITRE XXXIV.

Paſſions.

AUTREFOIS les Stoïciens, à préſent les
dévots, veulent que toutes les paſſions ſoient
mauvaiſes : que ce qui ſerait louable inſpiré

par la vertu, devienne condamnable dès qu'il
est inspiré par la passion. Pur verbiage, contraire à la vraie philosophie, puisqu'il est contraire à la Nature.

L'Auteur de notre Etre nous a donné les
passions comme des ingrédiens nécessaires à notre constitution. Il nous les a données, comme tout le reste, pour en user, & non pour
en abuser.

L'Appétit des alimens est une passion:
elle est utile, puisque, sans elle, nous négli-
gerions de nous nourrir.

Si l'auteur de la Nature a répandu dans les
substances destinées à réparer nos pertes, tous
ces sels dont les pointes différemment confor-
mées nous font éprouver des sensations diver-
ses: s'il a tapissé notre langue de mammelons
nerveux si sensibles aux picotemens si agréablement variés des mets: il n'a pas voulu que
cet admirable appareil de l'organe du goût ne
nous fît éprouver aucun plaisir; il n'a pas ordonné que nous fussions semblables à l'autruche
stupide, qui engloutit indifféremment ce que
le hazard lui présente.

A I N S I, lorſque ſa bonté a ſi tendrement pourvu à notre conſervation, lorſqu'il nous a marqué ſa volonté d'une maniere ſi ſenſible: c'eſt ſe ſoulever contre ſes ordres ſuprêmes, c'eſt vouloir rejetter avec audace les préſens qu'il nous a faits, que de nous donner une mort lente & cruelle par des jeûnes deſtructeurs, ou même de nous reprocher le plaiſir que nous éprouvons, en obéiſſant au beſoin.

M A I s cet appétit ſalutaire, cette douce ſenſation, bienfait de la Nature, nous conduit aiſément à la gourmandiſe, à l'amour des liqueurs fortes; vices funeſtes, encore plus meurtrier que le jeûne rigoureux. Ils privent l'homme de ſes plus heureuſes facultés, le transforment en une lourde maſſe auſſi dégoutante qu'inactive, appeſantiſſent ſa raiſon, énervent ſon courage, détruiſent les reſſorts de ſon eſprit, le rendent également inutile à lui-même & déſagréable aux autres, ſement ſa vie de mille douleurs & lui amenent une fin prématurée.

L'I N T E M P É R A N C E eſt la ſource de preſque tous nos maux phyſiques & de ces maladies cruelles & innombrables qui affligent l'humal'humanité. C'eſt par elle que l'homme eſt le plus ſouffrant des animaux & celui de tous qui fournit le plus rarement toute la carriere que la Nature ſemble lui avoir donné à parcourir.

LA ſobriété eſt la vertu de quiconque ché-rit & veut conſerver agréablement ſon exi-ſtence.

ELLE eſt une vertu, parce qu'elle eſt utile à l'individu qui la poſſede & avantageuſe à la Société dont le vœu eſt la conſervation des Citoyens. Car, comme dit M. Hume, ſi l'u-ſage immodéré des alimens & des liqueurs for-tes ne nuiſait pas plus à la ſanté & aux facul-tés du corps & de l'eſprit, que l'uſage de l'air & de l'eau, il ne ſerait pas plus condamnable.

MAIS c'eſt ſur-tout contre l'amour que ſem-blent triompher les ennemis des paſſions. Qui ne voit cependant que la Nature nous l'a don-né pour la propagation de l'eſpece, qu'elle en a travaillé les organes avec un ſoin encore plus curieux que ceux de toutes nos autres ſenſations, & qu'elle en a rendu les mouve-mens d'autant plus impérieux, d'autant plus irréſiſtibles, que ſa fin eſt plus néceſſaire ?

O

EN effet, fans cet attrait fi vif & fi puiffant qui entraîne un fexe vers l'autre, quelle femme confentirait à fupporter les incommodités de la groffeffe & les douleurs de l'enfantement? Quel homme fe foumettrait à tous les travaux, à tous les embarras, à toutes les follicitudes qui accompagnent les foins d'une famille?

MAIS ce penchant mutuel des deux fexes, mal dirigé, conduit trop fouvent au libertinage, qui détruit la fanté de celui qui s'y livre, le détourne de fes devoirs, nuit à fon état, dérange fa fortune, affaiblit fes facultés intellectuelles en énervant fon corps & porte le trouble, la difcorde & fouvent les crimes les plus affreux dans la Société.

AINSI toutes nos paffions ont leurs avantages & leurs dangers. Sans l'amour-propre, braverait-on le travail, les fatigues, pour exifter avec plus de gloire? Mais l'amour-propre engendre fréquemment l'ambition, qui n'eft elle-même criminelle que par le but qu'elle choifit & les moyens qu'elle emploie. Si je defire de la puiffance pour rendre mes Concitoyens plus heureux, fi j'afpire aux grandes

placés pour les remplir d'une maniere plus utile à ma Patrie, mon ambition est vertueuse.
Elle est condamnable, si elle n'est excitée que
par la cupidité, ou si elle n'hésite pas, pour
se satisfaire, à faire agir les ressorts les plus
odieux.

LA noble passion de l'emporter sur ceux
qui courent avec nous la même carriere, ce
désir qu'on nomme émulation, & auquel sont
dus les heureux efforts qui ont fait les hommes
distingués dans tous les genres, ne mérite que
des éloges : c'est un combat entre des mortels
généreux, à qui répandra plus de gloire sur
l'humanité. Mais, dans certains caracteres,
ce beau mouvement conduit au vice & fait
l'envieux.

SI l'envie a pour objet les talens des autres,
l'envieux rend lui-même témoignage du peu
qu'il vaut & de son désespoir de valoir jamais
d'avantage. Si elle porte sur les richesses,
c'est déclarer qu'on a besoin d'elles pour être
quelque chose. On envie bien la considéra-
tion dont jouit un homme vertueux : le malheur est qu'on n'envie jamais sa vertu.

L'AMOUR de l'or, mêlé prefque toujours avec d'autres paffions, quelquefois dignes de louange & quelquefois de blâme, défriche les campagnes, fait nourrir les troupeaux, raffemble des flottes, fait naître & entretient le commerce, éleve les villes, y fait fleurir les arts. Quand il eft ifolé, c'eft une paffion inactive & morte, qu'on nomme avarice.

QUEL indolent automate que ce mortel flegmatique que tous les événemens trouvent toujours le même, qui voit toutes les actions avec une égale indifférence! Mais cette même chaleur du fang qui nous donne de la vivacité, du feu, de l'énergie, nous excite quelquefois à l'emportement.

DANS la colere l'homme n'eft plus lui-même, ne fe connaît plus, n'a plus d'idées, plus de raifon, prefque plus de fentiment. Alors il n'obéit plus qu'à l'action impétueufe du fang qui fe porte au cerveau, toutes les paroles qu'il profere font également dénuées de fens & de fuite, & le feraient rougir, fi elles lui étaient rapportées lorfqu'il eft de fens froid. Alors le plus ingénieux des hommes reffemble au plus ftupide, fes traits même altérés n'offrent plus qu'un vifage affreux, déformé par les plus hideufes convulfions: état horrible, qui détruit tous les intervalles qui féparent l'homme de la bête féroce.

LE premier mouvement de la colere eft excufable, c'eft la machine qui agit: mais on eft toujours maître du fecond.

LA colere continuée eft la vindication. Il y a des paffions dont l'ufage & non l'abus, eft approuvé par la Nature: nous l'avons demontré. Leur extinction totale ferait la plus cruelle des maladies, puifqu'elle ne pourrait être caufée que par l'anéantiffement des organes qui nous ont été accordés pour notre confervation. Mais la vengeance, ainfi que la haine & l'envie, ne peut jamais fe montrer que fous une face odieufe. On doit les regarder comme une maladie de l'ame.

LA vengeance propage, éternife les haines, fe multiplie en quelque forte elle-même & tend à rompre, entre plufieurs Citoyens, les nœuds de la Société. Si nous avons reçu une injure légere, n'eft-ce pas nous dégrader nous-mêmes, & dépouiller les fentimens d'humanité, que de chercher à en tirer vengeance & de troubler l'ordre social pour un mal que nous avons à peine senti ? Si l'injure est grave, nous serons encore bien plus grands par la clémence, que si nous n'eussions été que faiblement outragés. Si l'offenseur a employé, pour nous nuire, des moyens bas, odieux, criminels ; mérite-t-il, le misérable, de porter atteinte à la tranquil‍lité de notre ame ? Daignerons-nous lui accor‍der seulement une place dans notre pensée ? Il n'est digne que de notre plus profond mépris. Livrons-le à ses remords & à l'indignation pu‍blique : ils nous vengeront assez.

Il y a telle passion qui semble tenir au ri‍dicule, & qui ne manque pas encore d'utilité. Sans la vanité, combien de bonnes œuvres o‍mises, qui ne font faites que pour être remar‍quées.

Sans cette même vanité, ce Stoïcien que je combats, ce rêveur farouche aurait-il fré‍quenté les écoles, aurait-il pâli sur les écrits des disciples de Zénon, pour parvenir à dérai‍sonner philosophiquement ?

Par l'absence des passions, les talens, les sciences, les arts font anéantis.

ON n'étudie que pour contenter son amour-propre, en se distinguant des autres, ou pour satisfaire à un desir violent d'apprendre, qui, chez bien des hommes, est une passion très vive.

ON ne peut cultiver les arts & les talens avec succès, qu'on ne les cultive avec chaleur : &, dès que vous mettez de la chaleur dans vos actions, vous êtes passionné. Car il faut reconnaître pour passion tout ce qui nous arrache à la froide tranquillité, tout ce qui agite vivement notre ame, tout ce qui nous transporte, en quelque façon que ce soit.

AINSI la dévotion la plus pure est elle-même une passion louable que Dieu inspire à ses élus, dont la chaleur les pénetre, les ravit au delà d'eux-mêmes, les arrache à la terre & les éleve vers l'éternel.

PAR quel abus de la raison, les Stoïciens condamnaient-ils jusqu'à la pitié, cette douce, cette aimable passion, seule toujours féconde en actes bienfaisans? Que dirons-nous de leur inconséquence, lorsque, réprouvant l'heureux sentiment de la compassion, ils voulaient cependant qu'on prêtât de généreux secours aux infortunés; lorſqu'ils nous ordonnaient de les aider, en nous défendant de partager leur miſere, d'y compâtir, d'en être touchés? Aveugles qu'ils étaient, de détruire la çauſe en voulant conſerver l'effet; de tendre à la perfection de l'œuvre, en briſant les inſtrumens propres à opérer! Dangereux contemplatifs, qui, en nous ôtant un mouvement précieux qui nous porte au bien, ne s'appercevaient pas que c'était nous rendre bien lâches à faire ce bien, quand nous n'y ferions plus excités que par de froids raiſonnemens! philoſophes trompés, qui oſaient s'élever contre les ſaintes loix de la Nature; ou plutôt Sophiſtes odieux en effet, s'ils avaient pu parvenir à dépraver leurs cœurs, comme ils avaient égaré leurs eſprits!

C'est à ce comble d'abſurdités que ſont conduits par leur ſyſtème ceux qui veulent proscrire les paſſions. Quelques-unes, il eſt vrai, portent quelquefois les hommes à ſe nuire mutuellement; mais d'autres, & ſouvent les mêmes, les forcent à ſe rendre des ſervices mutuels.

Qui oſera prononcer que les chocs, les traverſes, les douleurs que nous cauſent nos paſ-

fions & celles des autres, ne font pas néceffaires à la conftitution de notre être & ne contribuent pas à la portion de bonheur & de plaifir dont nous fommes fufceptibles? Sans cette
efpece de balottement que nous éprouvons,
nos jours, paffés dans la fatigante uniformité
du repos, feraient longuement comptés par
l'ennui.

IL faudrait alors que Dieu changeât la Nature humaine, pour qu'elle ne fût pas plus malheureufe qu'elle ne l'eft à préfent.

FIGUREZ-VOUS un voyageur, fatigué du
doux & trifte balancement d'une litiere, pré-
férant de marcher à pied, dans un fentier ra-
boteux, fur le bord d'un précipice. Il femble pourtant que, dans ce voyage de la vie,
nous rencontrons fouvent des voitures un peu
trop rudes.

POUR confondre plus aifément les détrac-
teurs des paffions, tâchons de nous figurer, s'il
eft poffible, un homme qui ne foit nullement
paffionné & de faire le portrait du fage qu'on
veut nous donner pour modele.

IL faut néceffairement le fuppofer prefqu'-
entiérement privé de l'ufage des fens. Son pâ-

lais ne lui offrira dans les alimens aucune faveur. Son oreille infenfible n'entendra que du
bruit, quand les nôtres feront remplies des fons
les plus harmonieux. Ses yeux verront, fans
en jouïr, le fpectacle de la Nature & ne remar-
queront dans fa piquante & admirable variété,
qu'une confufion capricieufe & bizare. Les
nerfs émouffés de fon odorat ne pourront être
picotés par le doux parfum des fleurs, ni par
cet autre parfum plus utile des mêts, qui aver-
tit le goût des fenfations agréables qu'il doit
éprouver, & l'invite, par le plaifir, à fatisfaire au befoin. Les houpes fenfibles du toucher
ne feront pas plus doucement chatouillées par
l'approche d'une peau fine & délicate, que par
le contact groffier d'un morceau de pierre ou
de fer.

Averti feulement du befoin par la douleur & par cette efpece de déchirement intérieur qui annonce le vuide de l'eftomac, tel
que ces animaux dont la langue dure & grof-
fiere femble dénuée de papilles nerveufes,
il engloutira indifféremment des Grains, des
Chairs, des Métaux, des Terres & des Poi-
fons.

Mais il est encore un sens, le plus passionné de tous, qui, chez lui, sera par conséquent le plus obtus. Ainsi supposons tous les hommes semblables à celui dont nous venons de faire la peinture, l'espece, renfermée dans des individus formés par une premiere création, ne pourra se livrer à l'espoir d'une seconde génération & sera bientôt annéantie, puisque ce n'est qu'à la passion la plus vive qu'est accordé le pouvoir de la reproduire.

Excepté les démarches tardives que la Nature souffrante les forcera de faire pour se procurer la subsistance, ces automates n'auront aucun mouvement, puisqu'on ne se meut que poussé par quelque desir ; & ils n'auront point de desir, car il est toujours excité par quelque passion, ou plutôt il est une passion lui-même.

De tels hommes ne seront donc pas supérieur à ces vils animaux, qui, fixés à la place où ils ont pris naissance, privés de tout mouvement progressif, n'attendant leur nourriture que du hazard qui la leur présente & qui peut souvent la leur refuser, semblent n'avoir été formés que pour marquer le point de jonc-

-tion entre la Nature morte & la Nature vivante.

LE monde, ainſi peuplé, ſera-t-il différent d'un deſert? Il n'offrira que l'horrible ſilence de la mort.

MAIS rendons aux hommes les paſſions: tout renaît, tout ſe ranime. Les campagnes ſont riantes & fertiles, les arts fleuriſſent, les belles actions, les talens honorent l'humanité, & l'eſpece offre le ſpectacle, malheureuſement varié, de grandes ſotiſes, de grands crimes & de grandes vertus.

QUE le déclamateur qui s'éleve contre les paſſions, dépouille un moment, s'il eſt poſſible, la paſſion qui l'attache à ſon ſentiment; il reconnaîtra que leur abſence implique contradiction, non ſeulement avec la Nature humaine; mais même avec la Nature animée.

POUR lui faire quitter ſon triſte langage & le ramener à des ſentimens plus conformes à notre eſſence, il faudrait pouvoir le purger de la bile noire qui fermente dans ſes veines & faire couler dans le tiſſu de ſes nerfs, avec plus d'abondance & de chaleur, ce fluide ſpiritueux, principe du mouvement & de la ſenſibilité.

Alors fes joues livides fe coloreraient de l'incarnat de la fanté, fon œil éteint & renfoncé deviendrait vif & brillant, le fouris releverait fes levres pendantes, & fon ame, échauffée du feu des douces paffions, le rendrait à l'humanité.

Les paffions ne font point dangereufes dans le favori de la Nature, qui, les poffédant toutes dans un degré convenable, les tient dans un jufte équilibre, & jouït avec innocence de tous les plaifirs préparés à l'homme par fon auteur. Mais elles font redoutables chez ces infortunés, à qui la Nature négligente ou marâtre n'a prefque accordé qu'une paffion. Elle fermente, elle s'exalte & fe tourne en fureur.

L'Homme dangereux eft celui qui n'a qu'une paffion ifolée.

Il faut donc travailler à régler, à modérer fes paffions, à les tempérer l'une par l'autre, & non pas à les étiendre, puifque ce ferait en même tems détruire l'humanité.

Le défaut d'attention, la vivacité, l'impétuofité de nos mouvemens intérieurs font de faibles excufes des fautes auxquelles nos paffions nous engagent. Nous en avons déja trop commis, pour n'être pas avertis d'être sur nos gardes. Envain dira-t-on, tel est mon caractere, cela est plus fort que moi. Oui, sans doute: si nous ne luttons pas avec persévérance contre nos affections, elles sont plus fortes que nous & nous entraînent. Mais elles seront faibles contre l'homme qui aura acquis une heureuse pratique de veiller sur lui-même. L'habitude n'ôte rien du mérite des bonnes actions, ni de la malignité des mauvaises. De bonnes habitudes font l'homme vertueux : des habitudes condamnables font l'homme corrompu.

CHAPITRE XXXV.

Courage.

L E courage est une vertu bien utile à l'homme dans les combats que lui livrent ses passions & dans les maux dont sa vie est semée.

I L ne faut pas le confondre avec la valeur, quoique celle-ci en fasse partie. La valeur est une grande vertu dans un héros enflammé d'amour pour sa Patrie, prêt à donner tout son sang pour la rendre victorieuse. ,, Mais souvent, ,, dit Charron, elle est artificielle, acquise par

,, la crainte & appréhenſion de captivité, de
,, mort, de douleur, de pauvreté. Elle s'ac-
,, quiert par l'uſage, conſtitution, exemple,
,, coutume, & ſe trouve ès ames viles & baſ-
,, ſes. De valet & facteur de boutique, ſe
,, fait un bon & vaillant ſoldat." Il aurait pu
ajouter que ſouvent la valeur du ſoldat tient à
la cruauté, à l'ignorance du prix de la vie, à
la brutalité. Croira-t-on que le bonheur d'é-
xiſter ait la même valeur pour un Houzard groſſier, qui met la volupté à s'enyvrer de liqueurs
fortes, & pour un général ſenſible & éclairé?
Le ſacrifice augmente par le prix de ce qu'on
ſacrifie.

LE véritable courage eſt celui de l'ame. Il
conſiſte à n'être arrêté par aucune crainte dans
l'exercice de ſon devoir, à ſe tenir prêt à ſupporter les maux dont les hommes ſont menacés,
à ne ſe rebuter pas des difficultés apparentes
qui s'oppoſent à des projets honnêtes, à ſavoir
garder ſon ſentiment quand il eſt conforme à
la raiſon.

IL faut travailler de bonne heure à armer ſon
ame de fermeté. On fait bien des fautes par
faibleſſe. Que d'hommes ont été criminels en

détestant le crime! On manque à la vertu qu'-
on aime, pour ne savoir pas résister à de faux
amis qu'on n'aime pas. On se laisse entraîner
par des protecteurs dont les vains services sont
incapables de rendre heureux, mais qui surtout
ne pourront jamais rendre le bonheur d'une
conscience satisfaite, ni ôter le poids accablant
du remords.

CELUI qui saura borner ses desirs, rendra
plus rares les occasions de manquer de courage
& s'épargnera de longues douleurs. A combien de fausses démarches conduit une vaine
condescendance, une politesse condamnable!
Vertueux avec soi-même, vertueux avec les
amis de la vertu, vicieux avec les partisans du
vice: tel est le caractere des hommes. O Lecteur, qui que tu sois, fixe tes regards sur ce
portrait: peux-tu ne t'y pas reconnaître?

QUE le vice est voisin de la vertu! C'est
souvent un devoir d'être complaisant: mais le
complaisant est bientôt lâche. Si vous vous
accoutumez à faire ce dont vous êtes prié, on ne
vous priera bientôt de vous prêter à des intrigues à des démarches qui répugneront à votre cœur, juge toujours sévere & juste, mais
au-

auquel vous impoferez filence. Il faudra vous
prêter au vice, à l'iniquité. Tels font les
hommes, que, bien loin de travailler à leur
complaire, il faut apprendre à leur réfifter.
Celui qui eft à la fois groffier & vertueux, eft
plus vertueux que les autres.

PAR faibleffe le même homme admet des
fuperftitions, pour ne pas fcandalifer, & adop-
te des vices, pour n'être pas ridicule.

LA fermeté eft, peut-être, de toutes les
vertus, la plus difficile dans la pratique, & cependant elle eft la gardienne de toutes. Sans
elle, on ne peut fe promettre un moment de
conferver fon ame pure. Au fein de la corruption générale, follicité par le plaifir, attaqué par la raillerie, peut-être même par le
mépris, il faut être bien courageux pour paraitre aimer la vertu.

AU milieu de gens nourris de préjugés, opiniâtres dans leurs erreurs, toujours prêts à s'é-
lever contre quiconque aime la verité, il faut
bien de la force, pour ofer avoir raifon.

ENTOURÉ d'infenfés & de vicieux, on
rougit de la juftefTe de fon efprit & de la pu-

reté de fon ame. Ou l'on garde un lâche filence, ou l'on va même jufqu'à démentir fon
cœur.

QUELQUES-UNS voudraient être fermes.
Mais obfedés, harcelés, honnis, ils fe fatiguent, molliffent & cedent.

COMBIEN de gens ont le bonheur de penfer & n'ont pas la force de bien agir! Combien
connaiffent la vérité & deviennent les organes
du menfonge! On fait, on parle comme le
grand nombre, quoique le très petit nombre
mérite feul d'être imité. On a toujours devant les yeux ce que les autres penferont, &
non ce qu'on doit penfer foi-même, ce qu'on
doit faire. La molleffe perd tout, dans les E-
tats, dans les familles, dans les affaires. On
prévoit les inconvéniens, on voit le mieux, &
l'on a la condefcendance de choifir le pire.

QUE de maifons ruïnées, que d'enfans mal
élevés, que de honte répandue fur les familles,
parce que des époux, des peres ont été faibles!

ON s'enerve dans le troubillon du monde:
c'eft dans la retraite qu'on peut fe faire une
ame forte.

ON entend ordinairement par un homme de Société celui qui a les vices les plus généralement répandus dans la Société, ou du moins un homme faible & lâche qui applaudit aux vices dont il est témoin.

IL est du devoir de l'homme de ne point abandonner le corps social, de s'efforcer à lui être utile : mais rechercher avidement ce qu'on appelle la Société, c'est risquer toute sa vertu.

A FORCE de voir des vicieux aimables, le vice devient moins odieux : à force de voir des gens tièdes pour la vertu, on perd cet amour enflammé, seul capable de nous la faire suivre constamment. Environnés de malades attaqués d'un mal, en même tems agréable & contagieux, peut-on se conserver dans une santé parfaite ? Avec les partisans du mensonge, peut-on aimer la vérité ? On cherche la gloire, on craint le mépris : que fera celui qui voit l'estime accordée au vice, & les mépris prodigués à l'homme pur ?

LES modernes sont loin de la chaleur, de l'énergie des anciens. Chez nous, tout est froid, tout est petit. Les mots de mœurs, de vertu, font rejettés du langage ordinaire. Ceux qui s'en fervent, feront bientôt accufés de re-chercher les grands mots. On ne monte point fon ame à cette hauteur de fentiment des anciens. Ils voulaient valoir quelque chofe, & ils ofaient avouer ce qu'ils croyaient valoir. C'était un engagement qu'ils prenaient de n'être pas au deffous de l'idée qu'ils donnaient d'eux-mêmes. A préfent on veut être modefte: il faut paraître s'eftimer peu de chofe, & c'eft encore fouvent s'eftimer plus qu'on ne vaut.

Si l'on n'a pas de foi une grande idée, on n'eft capable de rien de grand. Mais fi l'on a pour foi-même quelqu'eftime, fi l'on fe rend compte à foi-même de la grandeur de fon ame: il n'eft pas poffible de ne rien laiffer paraître au dehors de cette fierté noble, qui n'eft point dans nos mœurs, & qui eft bien éloignée de la petite vanité, de la fotte oftentation & de l'orgueil infultant, fi familiers à nos contemporains.

Occupez-vous d'idées nobles, grandes, généreufes votre ame deviendra grande, comme vos idées. Mais c'eft dans l'habitude de la retraite que vous monterez votre esprit à cette hauteur sublime. Méritez de vous entretenir avec vous-même. Vous ne contracteriez que de la petitesse dans le Société ordinaire, où tous les entretiens roulent sur de petites choses, où l'on ne parle que de modes, de petites intrigues, de petits mérites & de petits talens.

CHAPITRE XXXVI.

Courage dans le Malheur.

L'AME est tellement dépendante du corps, ses affections sont tellement liées à l'état des parties organiques, qu'il est presque impossible que, renfermée dans un corps amolli, elle sache lutter contre les peines.

ON est plus malheureux par la crainte des maux que par leur présence. D'abord le changement de situation parait bien dur: bientôt nous croyons n'avoir pas changé. Des ressources qu'on n'attendait pas se font connaître. On croyait ne pouvoir vivre dans un tel étar, & l'on vit comme auparavant. On jouït même: car toute maniere d'exister a ses jouïs-

fances. Il n'y a point d'hommes abfolument
heureux: il y a bien moins d'hommes abfolument malheureux qu'on ne penfe.

J'ai connu des hommes dans l'abondance, &
je les entendais fe plaindre: Je les ai revu pauvres, & j'ai vu leurs levres fourire.

Dans quelqu'état que ce foit, il y a des
momens pour les ris & pour les larmes.

Si l'on s'eft rendu digne de fa propre eftime, fi l'on fe croit au deffus de toutes les fu-
perfluités dont on eft environné, fi l'on vaut
par foi-même & non par fes richeffes: on peut
braver les coups de la fortune, & rire d'elle
quand elle croit nous dépouiller.

C H A P I T R E XXXVII.

Courage dans les douleurs.

Il faut convenir qu'on n'eft point heureux,
quand on éprouve des douleurs aiguës: & le
Stoïcien qui ofera dire à l'infortuné qui gémit
dans les accès de la goute, que la douleur n'eft
point un mal, n'en fera pas tranquillement e-
couté. Charron aura beau foutenir que c'eft
le corps qui fouffre, que ce n'eft pas nous qui

hommes offensés; que le corps n'est que l'instrument de l'esprit & qu'il ne faut pas lui servir; que, si l'esprit s'afflige de ce qui arrive au corps, c'est l'esprit qui sert au corps; que c'est imiter la délicatesse de celui qui crierait parce qu'on lui aurait gâté sa robe, & que le corps n'est qu'une robe: toutes ces raisons ne feraient qu'aigrir le malheureux qui se sent déchiré par des douleurs cruelles, & qui ne peut se dissimuler que son vétement tient de si près à lui-même. C'est la robe d'Hercule qu'on ne peut déchirer sans se faire d'énormes blessures.

UNE morale si sublime, si détachée du physique, devient une plaisanterie: car il faut parler à l'homme comme à un être sensible, & convenir que son corps est quelque chose, puisque c'est par ce corps qu'il souffre & qu'il jouït.

ON ne peut donc se mentir à soi-même, dans les douleurs, au point de se nier que l'on souffre. Mais il faut s'armer de patience, parce que l'impatience est un mal de plus. Il faut se soumettre, puisque la révolte est inutile, & penser que les biens qui nous ont été difpenfés, doivent être achetés par des maux. Telle eft notre nature, elle ne fera point chan- gée.

LES douleurs aiguës ne font pas longues. Leurs intervalles font des momens de bonheur pour celui qui a fouffert. Ainfi tout eft mé- langé dans la vie ; toute infortune a fes confo- lations.

Ou la douleur eft fupportable, dit Seneque, ou elle donne la mort.

DANS la fanté, on s'exagere, peut-être, l'horreur de fouffrir. Voyez un homme fouf- frant : il vous paraîtra moins malheureux que vous ne croiriez l'être, fi vous étiez à fa place.

ON eft toujours plus miférable par l'ave- nir que par le préfent. Le pauvre ne fe plain- drait plus, s'il pouvait efpérer d'être riche bientôt. Le malade, au moment même de fes douleurs les plus cruelles, s'écrie qu'il fe trou- verait heureux, s'il ofait fe flater du retour prochain de la fanté.

AINSI l'on a toujours la force de fupporter fes maux actuels : il n'y a que ceux qu'on at- tend qui femblent infupportables.

CHAPITRE XXXVIII.

Courage contre la Mort.

DES Sages ont dit qu'il fallait méprifer la vie. Ces fages n'ont-ils pas dit une fottife ? Si je veux faire une action utile, il faut bien que je fouhaite de vivre. Plus en moi le defir de faire du bien fera exalté, plus je tiendrai à la vie. Voilà pourquoi des hommes capables d'éclairer les autres par leur génie, ont été foupçonnés de manquer de courage, au moins de ce courage de préjugé, qui eft réellement funefte à la Patrie.

IL femble qu'un vrai mépris de la vie, ne pourrait être fondé que fur le fentiment intérieur de fa propre inutilité.

MAIS fi, par notre mort, nous pouvons être utiles à nos Concitoyens, c'eft alors un devoir de la braver avec fermeté. Le lâche guerrier qui la craint & prend la fuite pour fe conferver, eft couvert d'un jufte mépris, & peut même être puni févérement, puifqu'il a fait ce qui était en lui pour livrer fa Patrie aux puiffances armées contr'elle.

Qu'a-t-il gagné par son défaut de courage? Un reste de vie qui sera coulé dans l'opprobre. Peut-être aurait-il survécu couvert de gloire. La lâcheté du guerrier est donc funeste à l'Etat & inutile au lâche.

Il est permis de connaître le prix de la vie; mais il faut se résigner à la nécessité de mourir. C'est de loin qu'on craint la mort : elle fait le supplice de la vie. C'est avec toute la vigueur de la santé, avec toute la force de l'imagination, avec toute la finesse du sentiment, qu'on envisage la fin de l'existence, & elle parait affreuse. La mort a soin de cacher sa laideur quand elle approche. Si elle frappe subitement, elle ne laisse pas même le tems de l'envisager. Si elle vient à la suite d'une maladie, le sentiment est émoussé, la force est abattue, nous n'avons plus assez de sensibilité pour aimer ce qui attache à la vie. L'imagination n'offre plus rien à nos organes affaiblis. Nous ne pouvons plus nous peindre le plaisir d'exister, nous ne pouvons plus sentir l'horreur de cesser d'être. Considérez les mourans : ils sont en général assez tranquilles. La mort est sur leurs têtes & ils ne l'apperçoivent pas.

CHAPITRE XXXIX.

Duel.

S'IL eſt pluſieurs eſpeces de courage, qu'il faut regarder comme des vertus, parce qu'elles ſont utiles à l'individu ou au corps ſocial; il en eſt une qui ne doit jamais être conſidérée que comme un préjugé condamnable, parce qu'elle eſt également funeſte à l'un & à l'autre. C'eſt celle qu'exigent les combats ſinguliers.

Dans la premiere enfance de notre Gouvernement, dans les premiers ſiecles qui ſuivirent l'invaſion des Francs dans les Gaules, quand il ſurvenait parmi les Citoyens quelques débat, les Seigneurs en étaient les juges: &, comme ils n'avaient pas toujours le deſir ou la volonté de juger, ils ſe repoſaient de ce ſoin ſur les Maîtres de leur hôtel. Il ne fallait pas un procès bien compliqué, pour embarraſſer des juges auſſi ignorans. Mais ils avaient un moyen ſûr de ſuppléer au défaut de leurs lumieres. C'était de remettre à Dieu la déciſion de la cauſe. Ces barbares, dès qu'il leur tombait entre les mains une affaire un peu obfcure, croyaient forcer la Divinité à opérer un miracle : comme fi elle devait changer le cours de la Nature, à la voix d'un Baron ou d'un Comte. De-là ces épreuves ridicules du fer chaud, de l'eau froide & de l'eau bouillante ; épreuves qu'on nommait le jugement de Dieu, auxquelles fuccombait fouvent l'innocence, & dont la charlatanerie fe retirait victorieufe.

Lᴇ duel judiciaire, imaginé par les Bourguignons, fut bientôt préféré à ces épreuves, par un Peuple guerrier & fimple, perfuadé que la juftice éternelle ne permettrait jamais que la force & l'adreffe d'un coupable l'emportât fur la faibleffe mal adroite d'un innocent. On fe juftifiait par le duel ; on prouvait par le duel la juftice de fa demande. Les perfonnes à qui leur âge ou le fexe ne permettaient pas de paraître en champ-clos, nommaient alors des champions qui fe battaient pour elles. La partie mécontente appellait en duel les témoins qu'elle accufait de faux, ou les juges qu'elle prétendait n'avoir pas prononcé fuivant les regles de l'équité.

Le Plaideur qui ofait accufer d'un jugement faux un tribunal, était forcé, fous peine d'avoir la tête tranchée, de fe battre contre tous les juges, à moins qu'il n'eût la précaution d'appeller en duel les premiers qui prononçaient contre lui, fans attendre le jugement des autres.

Les queftions de droit fe décidaient auffi par les combats : on nommait des champions pour les débattre, & c'était le fang qui fixait les regles de la jurisprudence. Que de fang répandu, dans chaque feigneurie, pour parvenir à former un corps de loix, lorfque chacune ne pouvait acquérir fa force que par un combat ! Quels jurisconfultes, que des hommes couverts de fer, cherchant dans le flanc l'un de l'autre, à lire la décifion d'une queftion épineufe !

Quand enfin, par ces moyens féroces, on était parvenu à former un fyftême de maximes juridiques ; on n'ordonnait plus le duel, que pour conftater des faits difficiles à éclaircir.

L'établissement de nos cours de judicature, connues fous le nom de Parlemens, ne mit par fin à cet ufage barbare. Elles or-

donnaient encore le duel dans les matieres cri-
minelles, quand le délit méritait la mort, &
qu'il n'y avait pas de témoins contre un accufé d'ailleurs gravement foupçonné.

LE Parlement de Paris fous Charles VI. pro-
nonça qu'il y avait gage de bataille, entre le
Gris & de Carrouge. La femme de Carrouge
accufait le Gris de l'avoir violée dans l'abfence de fon époux. L'accufé fut vaincu, traî-
né hors du camp & pendu. Mais cette fois,
Dieu ne jugea pas à propos d'intervenir dans
cette affaire par un miracle. Le vaincu était
innocent, & quelques années après, on arrê-
ta un malfaiteur qui fe déclara coupable du
viol attribué au malheureux le Gris.

C'EST, je crois, le dernier duel ordonné par
les Cours de judicature: mais nos Rois permi-
rent encore longtems après, les combats en
champ-clos.

LE vaincu appartenait au vainqueur, qui
pouvait en difpofer à fon gré, le garder cap-
tif, le traîner autour du camp, le pendre, le
brûler. On vit, dans un fiecle qui commen-
çait à s'éclairer, le célebre Bayard, courtois
& loyal Chevalier, prendre par les pieds So-

tomayor qu'il avoit vaincu, & le traîner hors de la lice.

TELLE était la fureur du duel judiciaire, qu'il était même adjugé à des vilains ; &, comme on les trouvait indignes du beau privilege de se percer, de se dépècer à coups d'épée, il leur était seulement permis de s'assommer à coups de gros bâtons.

LES Evêques, qui étaient en même tems Seigneurs, ordonnaient le duel, aussi bien que les autres, & les moines, quand ils avaient des procès, fournissaient leurs champions.

IL est aisé de croire que de bouillans guerriers ne s'avisaient pas toujours d'aller demander à un tribunal la permission de se battre, & s'ordonnaient bien le duel eux-mêmes, sans attendre la sentence d'un juge.

BIENTÔT, on n'eut plus besoin de sujet pour se battre. On se battait, pour fuir l'oisiveté, à qui avait la plus belle amie. Un galant Chevalier, favorablement accueilli par une Dame, lui promettait de courir le monde, jusqu'à ce qu'il pût amener à ses pieds un certain nombre de Chevaliers vaincus. Quelquefois même des guerriers, brulés d'un zéle dévot, faifaient vœu d'aller chercher les aventures, de fe faire meurtiers par pénitence, & de venir offrir leurs captifs à l'Eglife du faint auquel ils étaient le plus dévoués.

Les combats folemnels fe faifaient dans un efpace limité par un barriere. Le choix des armes appartenait à l'attaqué. Il y avait des juges du camp, & chaque combattant avait fon parrein. C'était ces parreins & ces juges qui examinaient les armes & fouillaient les guerriers, pour favoir s'ils ne cachaient pas fur eux quelques talifmans ou quelques billets enchantés. Il y en avoit qui, pour éluder ces recherches, fe faifaient râfer la tête & graver fur la peau des caracteres qu'ils croyaient magiques.

Le dernier duel ordonné par nos Rois fut celui de la Châtaigneraye & de Jarnac, fous Henri II. Ces combats en champ - clos furent à peu près dans le même tems abolis dans tous les Etats Catholiques par le Concile de Trente.

Au refte ils ne furent jamais très fréquens dans les tems où ils étaient permis. Ils entrainaient trop de formalités & par conféquent trop de frais. Il fallait obtenir la permiffion du Souverain, répandre de part & d'autre des manifes-

festes, donner des démentis & des contre-dé-
mentis publics, propofer & contefter le choix
des armes offenfives & défenfives. Toutes ces
longueurs, qui entraînaient fouvent des délais
de plus d'une année, donnaient le tems aux
conciliateurs d'appaifer les querelles. D'ailleurs les deux parties étaient obligées, avant
d'en venir aux mains, de faire un ferment fo-
lemnel de la juftice de leur caufe. Cependant
il était difficile que les deux adverfaires euffent
également un jufte droit. Ainfi ce ferment devait arrêter des ames timorées, tremblantes de
fe parjurer & d'attirer fur elles la colere cé-
lefte, dans un moment qui pouvait être le dernier de la vie.

MAIS les combats finguliers devinrent plus
communs, dès qu'ils ne furent plus autorifés.
Le préjugé qui avait fait regarder l'iffue de ces
combats comme un jugement de Dieu, ne fub-
fiftait peut-être plus que dans quelques têtes
du Peuple: mais on en éprouva longtems encore les fuites. Il reftait toujours un fouvenir
confus que la victoire avait été regardée comme une preuve de l'innocence. Les fentimens
une fois reçus ne s'effacent pas aifément & fur-

vivent longtems aux premieres idées qui les ont fait naître. Ainſi l'avantage dans les combats ſinguliers ne ceſſa pas d'être regardé comme un témoignage du bon droit, quoiqu'on neſem-blât plus y attacher l'idée d'un jugement ex-près de Dieu. L'honneur attaqué d'un gen-tilhomme continua de ſe réparer par la défaite de ſon ennemi & le mort eut toujours tort.

On ſe fit des appels hors des villes. Com-me on n'avait plus de parreins, ni de juges du camp, chacun des combattans amenait avec lui un ou pluſieurs de ſes amis, pour juger les coups & pour prévenir les trahiſons. C'eſt ce qu'on appellait des ſeconds. Mais bientôt ces ſe-conds trouverent qu'il y aurait de la lâcheté à être ſpectateurs oiſifs de ſi beaux faits d'armes, & ſe battirent les uns contre les autres, ſans aucun ſujet de querelle, comme par paſſetems & pour ne pas reſter les bras croiſés.

Ainsi l'on vit périr ſouvent un nombre de braves hommes, pour la querelle de deux é-tourdis.

M. de Saint-foix nous apprend qu'on fit voir à Henri IV. par plus de ſept mille lettres de grace expédiées à la Chancellerie, qu'il y avait eu, au moins, sept ou huit mille gentils-hommes tués en duel, dans l'espace de dix-sept ou dix-huit ans.

Ces combats sont devenus beaucoup plus rares, depuis que le Comte de Bouteville eût perdu la tête sur un échaffaud, pour un duel, sous Louis XIII. & surtout depuis l'édit de Louis XIV. Mais enfin il n'est pas encore détruit ce préjugé féroce, qui fait regarder le duel comme indispensable dans certaines occasions.

Tout sage lecteur est indigné des mauvaises & aigres plaisanteries qu'entasse Brantôme contre ceux qui regardent comme une vertu le pardon des injures, tandis qu'il couvre d'éloges de gentils Cavaliers de son tems, qui se vengeaient bravement des offenses qu'ils avaient reçues, par des assassinats.

Quelle horreur que, pour le plus faible outrage, souvent pour une imprudence, pour une raillerie légere, pour une parole trop peu réfléchie, ou, ce qui est moins encore pour une femme méprisable, deux hommes quelquefois estimables, quelquefois dignes de s'aimer, qui peut-être même furent amis, s'acharnent l'un contre l'autre, comme des bêtes féroces, cherchent mutuellement à ſe déchirer, & ne puiſſent éteindre leur fureur que dans le ſang de leur adverſaire. Tous les liens qui devraient les retenir ſont rompus. L'idée d'un pere dans la douleur, d'une épouſe abandonnée, d'enfans privés d'appui, rien ne peut arrêter leur courage barbare. Altérés du ſang de leur ſemblable, ils ſont inſenſibles à tout le reſte.

C'est ainſi que l'Etat perd des Citoyens utiles & le doux eſpoir de leur poſtérité. C'eſt ainſi que, dans un ſiecle plus orgueilleux qu'éclairé, avec des mœurs plutôt amollies, qu'adoucies, on ſe fait un jeu cruel d'outrager l'humanité.

Cette grandeur d'ame qui réſiſte aux travaux, qui ſe fait remarquer dans les dangers, n'eſt plus une vertu, ſi elle n'eſt pas accompagnée de la juſtice, ſi elle ne porte pas à combattre pour la Patrie, mais pour nos propres intérêts. Ce n'eſt plus courage, c'eſt inhumanité, c'eſt barbarie.

L'Honneur conſiſte dans l'idée avantageuſe que les autres ont de nous. Si, pour réparer notre honneur, nous appellons en duel celui

qui a de nous une mauvaife opinion, pourra-
t-il, quand nous lui aurons ôté la vie, concevoir pour nous une grande eftime? S'il a répandu à notre fujet des imputations calomnieu-
fes, comment, quand il ne fera plus, pourra-
t-il réparer fa calomnie?

MONTAIGNE, contemporain de Brantôme, ne penfait pas comme lui. ,, Comme le
,, vengeur, dit-il, y veut voir, pour tirer du
,, plaifir de la vengeance; il faut que celui
,, fur lequel il fe venge, y voie auffi pour en
,, recevoir du déplaifir & de la repentance. Il
,, s'en repentira, difons-nous. Et pour lui a-
,, voir donné d'une piftolade en la tête, efti-
,, mons-nous qu'il s'en repente? Au contrai-
,, re, fi nous en prenons garde, nous trouve-
,, rons qu'il nous fait moue en tombant. Il ne
,, nous en fait pas feulement mauvais gré, c'eft
,, bien loin de s'en repentir; & lui prétons le
,, plus favorable des offices de la vie, qui eft
,, de le faire mourir promptement & infenfi-
,, blement. Nous fommes à trotter & à fuir
,, les Officiers de la juftice qui nous fuivent;
,, & lui eft en repos."

Q 3

OTER la vie à fon femblable ! Et le brave qui s'eſt fouillé d'un tel crime n'eſt pas pourfuivi fans ceſſe dans le filence des nuits, dans la Société, dans la retraite, dans les inſtans mêmes des plaifirs qui le fuient, par l'image fanglante du malheureux qu'il a privé du jour !

EN VAIN la Sageſſe & la Nature élevent leur voix contre les duels, contre un courage indifcret & funeſte à la Société. L'empire de l'opinion, le préjugé d'un faux honneur, la crainte de ce que penferont des hommes qui ne penfent pas, l'emporteront encore longtems fur la raifon. Il n'y a qu'un moyen d'arrêter un mal ſi funeſte: c'eſt d'abandonner la coutume barbare de porter pour ornement un fer meurtrier.

LES Scipions, les Pompées, les Céfars, n'en étaient ni moins nobles ni moins courageux, pour n'avoir pas dans les rues de Rome, au Sénat, dans les temples, dans les fêtes, chez leurs amis un fer tranchant à leur côté.

LA belle marque de nobleſſe, de fe tenir toujours prêt à donner la mort à fon Concitoyen !

CET usage de marcher toujours armés, &
de pouvoir se venger, à l'instant, de l'insulte
la plus légére, ou la mieux méritée, a plus in-
flué sur les mœurs qu'on ne pense.

C'EST à cette coutume que nous devons
notre politesse, ou plutôt cette fausseté
qui nous fait paraître amis de tout le monde, même de ceux que nous détestons justement; qui nous empêche de démasquer un scélérat dont l'ame nous est connue & qui nous
détourne de protéger de notre voix l'innocence opprimée. C'est cette coutume qui donne
à des misérables l'audace de marcher tête levée,
parce qu'ils savent bien que personne n'osera
leur reprocher l'horreur de leurs actions; c'est
elle qui les encourage à de nouvelles indigni-
tés qui seront également impunies; qui les empêche de sentir la honte, & qui leur fait braver le mépris, parce qu'on ne leur dira jamais
en face combien ils sont méprisables. C'est
par cet usage que les hommes vertueux ne sont
que des censeurs silencieux & peu respectés du
crime. Ainsi notre prétendu courage est la
cause féconde des plus coupables lâchetés.

COMBIEN d'actions condamnables auront été arrêtées chez les anciens par la crainte du reproche sévere ! Quiconque se sentait la conscience souillée, ne devait lever les yeux qu'en tremblant. Il ne pouvait sortir de sa maison, sans craindre que le premier homme qu'il allait rencontrer ne lui dît : je te connais, tu es un scélérat.

MAIS le sévere Caton lui-même aurait-il osé ouvrir la bouche, pour faire rougir le plus coupable de ses Concitoyens, si, au moindre reproche qu'il eût pu lui faire, il se fût trouvé dans la cruelle alternative de recevoir la mort ou d'être meurtrier ?

AINSI, par notre barbarie, nous nous sommes privés de ce frein nécessaire que l'homme peut mettre à la conduite de l'homme. Il ne nous reste que les loix qui n'ont que peu d'inspection sur les mœurs, dont l'empire est éludé par l'adresse, & dont les Ministres ne peuvent ni tout connaître, ni tout punir.

CHAPITRE XL.

Suicide.

UNE autre espece de courage non moins condamnable, est celle qui porte à se donner la mort à soi-même.

ON se tue quelquefois, parce que les esprits actifs manquant au fluide nerveux, l'homme ne peut traîner qu'avec dégoût sa pesante machine. Le raisonneur n'a rien à dire aux gens attaqués de ce mal : c'est un médecin qu'il leur faut.

IL n'y a rien à dire non plus à ceux qui s'arrachent la vie dans un moment de fureur ou de désespoir. Avant qu'on eût le tems de leur parler, ils ne sont plus. C'est un premier mouvement, un peu violent, il est vrai, mais heureusement il est rare.

QUANT à ceux qui se tuent par réflexion, ils ont tort. Tant qu'on existe, il reste des jouïssances. D'ailleurs ils se hâtent trop : dans quelques jours, peut-être, ils verraient luire le plus beau moment de leur vie.

CHAPITRE XLI.

Devoirs dans le commerce ordinaire
de la Société.

LE mot de Société, pris dans un fens plus refferré que celui dans lequel nous l'avons employé jufqu'ici, ne fignifie plus tous les hommes compofant un corps focial, & fe reftreint aux perfonnes avec lefquelles nous avons des liaifons d'affaires, d'amufemens, de convenance ou d'habitude. Cette Société, indépendemment des devoirs impofés par l'intérêt de la grande affociation, dont il ne nous eft jamais permis de nous départir, a auffi fes devoirs particuliers.

ELLE en fait un de la politeffe; même de celle de convention, qui confifte dans de certaines attitudes prefcrites, dans de certaines manieres d'ôter & de remettre à propos quelques parties de fes vêtemens, dans de certains mots particuliers, qu'on apprend par cœur dès l'enfance, & qu'il faut bien fe garder de confondre avec d'autres mots qui auraient la même fignification, mais qui n'entrent point dans la formule établie. Ces ufages varient dans les différens pays; on n'eft pas poli à Paris de la même maniere qu'on l'eft à Ispahan, & telle grimace qui fait regarder un homme comme très honnête à Pékin, le ferait trouver fort ridicule à Verfailles.

Au refte, comme toutes ces poftures font fort innocentes, & qu'elles flatent beaucoup ceux devant qui elles font faites, il eft convenable de les apprendre, pour éviter le reproche de rüfticité.

Il eft une autre politeffe, qui eft de tous les pays & de tous les tems, qui infpire de juftes égards pour tous les hommes, qui prefcrit le plus grand foin de n'en offenfer, de n'en humilier aucun. L'homme honnête n'a pas befoin d'apprendre cette politeffe-là : il en porte les principes dans fon cœur.

Celui qui accable de proteftations d'eftime & d'amitié le premier qu'il rencontre & fouvent un homme qu'il méprife ou qu'il détefte; qui vous careffe avec tranfport, & vous quitte pour aller vous nuire; qui vous offre fon crédit & fes fervices, lorfqu'il eft occupé de confommer votre perte; qui a fu fe faire un

langage toujours contraire à fa penfée & un vifage qui dément toujours fon cœur: cet homme là paffe auffi pour poli, & ne devrait paffer que pour un malhonnête homme.

CES fortes de gens font foule dans la Société. D'ordinaire ils font affez aimés, parce qu'-
ils paraiffent aimer tout le monde. L'intérieur
eft inconnu, on n'eft jugé que par le mafque
& l'on réuffit quelque tems, quand on fait fe
déguifer à fon avantage. Mais quelqu'un vient
qui arrache le mafque & montre le fcélérat à
vifage découvert.

L'HOMME faux eft-il perdu quand il eft
reconnu? Non. Econduit aujourd'hui d'une
Société, il fera demain le héros d'une autre:
&, comme on eft très léger dans le monde,
qu'on recherche les hommes pour fe diftraire &
non pour les approfondir, pour en tirer du plaifir & non pour les eftimer; qu'on s'inquiete
peu de ce qu'ils font, pourvû qu'ils foient aimables; il fera accueilli fans être connu, fe
verra prifer au taux de fa propre eftimation &
trouvera le moyen d'être toujours confidéré,
fans changer de mœurs, mais en renouvellant
feulement à propos fes liaifons.

D'AILLEURS la fauſſeté étant aſſez généralement le défaut des gens du monde, il faut bien qu'on ſe la pardonne mutuellement. Vous êtes dans un cercle ; on parle avec indignation de quelqu'un qui vient de ſe déshonorer par des actions odieuſes. Un homme entre, l'air dédaigneux, le maintien altier, la tête haute. Tout le monde ſe leve, l'accueille avec des tranſports de joie, lui prodigue des marques d'amitié & de reſpect proportionnées à ſon rang & à ſa fortune. Vous demandez quel eſt cet homme : c'eſt celui-là même dont on vient de parler.

SI c'eſt par ſes mauvaiſes actions qu'il s'eſt enrichi, vous l'auriez vu plus froidement accueillir s'il était reſté honnête homme.

CEUX qui s'empreſſent de le fêter eſperent-ils quelque choſe de ſes richeſſes ? Rien du tout. Mais on hait le pauvre qui ne demande rien, on aime le riche de qui l'on n'attend aucun ſervice & l'on eſt convenu que la conſidération doit toujours accompagner l'opulence.

ON ne fait pas tant de façons avec l'homme qui n'a que du mérite, & l'on ne le don ne pas la peine d'être auffi poli, c'eft à dire auffi faux avec tout le monde.

Si tant de défauts accompagnent la politesfe, on en peut remarquer de bien plus grands & bien plus dangereux dans la converfation. C'eft là que d'un ton léger & agréable, d'un air aimable & riant, on lance les traits les plus envenimés & le poifon des maximes les plus pernicieufes. C'eft là que l'on rit de la probité févere qui nuit à la fortune, & que la rufe criminelle, les moyens détournés de parvenir font traités d'habileté, c'eft là que l'honnête homme eft un fot & l'intriguant perfide un homme d'efprit. Des femmes fans pudeur, au milieu d'un cercle d'hommes brillans & fans principes, lancent le farcafme déchirant fur les perfonnes de leur fexe qui font affez courageufes pour ofer remplir les devoirs d'époufes & de meres, & fur les hommes affez eftimables pour les refpecter. Le mérite eft facrifié à la fcience des modes, au goût de la parure, & la raifon folide au vain éclat d'un efprit faux. On entend l'homme grave par fon âge & par l'état qu'il remplit, tourner les bonnes mœurs en ridicule, ériger en philofophie les principes affreux de la corruption, traiter la fagesfe de folie abfurde, plaifanter le jeune homme qui ne s'eft pas encore plongé dans la débauche, & faire rougir les femmes à qui il resfe encore quelque pudeur. Un tel homme eft généralement accueilli, c'eft ce qu'on appelle un agréable vieillard : vil débauché, en qui l'amour du vice a furvécu au pouvoir d'être vicieux, & qui, dans un corps faible & flétri, porte un cœur livré à toutes les paffions dont il a perdu les organes.

Qu'une femme facrifie fes aifes, fes plaifirs, l'amour de la parure, l'envie de briller, le defir plus vif encore de plaire, à la fatigue d'allaiter fon enfant, aux foins embaraffans de veiller à fon éducation ; qu'en dira-t-on dans le monde ? Il n'y aura qu'une voix : c'eft une folle. Qu'un homme néglige d'augmenter fa fortune, qu'il en emploie une partie à faire des actions vertueufes, qu'il préfere le plaifir de fecourir l'infortuné, à celui d'écrafer les riches par fon fafte : c'eft un imbécille. Ainfi là vertu eft couverte d'opprobre & le vice applaudi paraît couronné de fleurs. Juger de nos mœurs par les converfations des gens mêmes qui paſſent pour honnêtes, ce ſerait s'exagérer encore notre dépravation.

Mais autant on exalte le vice, autant on pourſuit les plus légers défauts. Malheur ſur-tout à quiconque en a qui tiennent à des ver-tus: au Magiſtrat ſtudieux qui a perdu dans l'étude ces graces qu'on n'acquiert que dans la vie oiſive; à l'homme pur, toujours prêt à é-lever la voix contre la plus légere atteinte à la ſévere probité; à cét ardent militaire cou-vert de cicatrices, qui, tout rempli d'un art qu'il a tant de fois employé pour le ſervice de l'Etat, ne parle encore que de combats; à l'homme timide & honnête, qui ne ſait point inſulter galamment un ſexe qu'il reſpecte, mais ſurtout à celui qui, ayant perdu la plus belle partie de ſa vie à exercer ſa raiſon, ne parle qu'après avoir penſé, ne ſait dire que des cho-ſes ſolides, qui n'intéreſſent perſonne, éclaire des gens qui ne veulent qu'être étourdis ſur leur ennui & ne connaît point l'art vainqueur d'étaler ſur des riens des phraſes brillantes & vuides de ſens. Tous ces gens ont le plus grand ridicule, celui de n'avoir pas les vices de mode.

Com-

Co mme rien n'eſt plus commun que les interprétations malignes, les rapports empoiſonnés ; ce n'eſt peut-être pas une ſcience mépriſable que celle de parler ſans rien dire.

Jeune-homme, veux-tu ſavoir quel ſera ton devoir dans le monde ? de ne pas reſſembler à ceux que tu y rencontreras.

Je ne te défends point de calomnier. Ton imagination pure, n'enfantera point des crimes: ta bouche, organe de l'humanité, ne les prêtera point à des innocens.

Mais garde-toi de médire. Quelquefois on n'eſt pas méchant, mais on ne réſiſte point à l'attrait de lâcher une médiſance aſſaiſonnée d'un ſtyle ingénieux. On dit par légéreté ce qu'on ſait & ce qu'on doit taire. Par un ſeul mot, tu vas déshonorer un homme, tu vas troubler peut-être des familles. Sais-tu ce que deviendra ce mot, quand il aura paſſé par cent bouches, quand il aura été cent fois envenimé? Tu ne pourras réparer les maux que tu auras faits. Que de larmes tu vas faire répandre ! & quels longs repentirs te prépare l'imprudence d'un moment ! Tien toi donc ſur tes gardes. Si, dans une rue fréquentée, tu

R

portois en main un fer tranchant, ne regarderais-tu pas devant toi?

NE te permets jamais de railler. La raillerie eſt le propre d'un ſot orgueilleux: c'eſt un retranchement derriere lequel il croit ſa ſuffiſance en ſureté. C'eſt une vaine oſtentation de ſupériorité, humiliante pour celui à qui elle s'adreſſe. Si tu es humain, tu ne voudras humilier perſonne.

SOIS indulgent pour les défauts d'autrui. Penſe combien toi-même as beſoin d'indulgence. As-tu plus d'eſprit que celui avec qui tu converſes? Voilà une grande occaſion de te rendre odieux: tu n'as qu'à lui faire ſentir ſon inefériorité, qu'à l'éclypſer par l'éclat de ton génie. Mais au contraire, emploie ton eſprit à le mettre à ſon aiſe, à faire paraître dans le plus beau jour le peu qu'il en a lui-même, à lui faire croire qu'il n'en a jamais autant qu'avec toi: cet homme t'aimera, te cherchera des amis, ſera toujours prêt à te ſervir, parce que tu lui as fourni l'occaſion d'être content de lui-même.

NE fait parler chacun que de ce qu'il ſait, tu ne trouveras jamais de ſot. Mais auſſi n

parle jamais toi-même que de ce que tu con-
naîs, si tu crains d'être un imbécille.

POURQUOI entend-on tant de bêtises dans
le monde? C'est que celui qui ne devrait être
que sensé, veut être brillant & agréable.

DÉFENDS-TOI bien de l'esprit de dis-
pute: ne cherche point à faire toujours valoir ton opinion. Surtout ne hais point ceux
qui ne pensent pas comme toi. Sur presque
tout, les différens hommes pensent diverse-
ment. Faut-il donc nous haïr mutuellement,
parce que nous ne voyons pas tous le même
objet de la même maniere? Faut-il que tous
les hommes soient en guerre, parce qu'ils n'ont
pas tous les mêmes traits? Si nous haïssons
ceux qui ne pensent pas comme nous, haïs-
sons-nous donc nous-mêmes, nous qui ne pen-
sions pas hier, comme nous pensons aujourd'hui.
Hélas! que savons-nous? Et que de maux nous
causons, pour faire valoir notre ignorance!

EN détestant le vice, aie plus de compassion que de haine pour le vicieux. Considere
les maux qu'il accumule sur sa tête & apprends
à le plaindre. Aveugle qu'il est, il cherche

son bonheur, où il ne doit trouver que des sujets de larmes. Il s'égare; mais tu peux demain t'égarer comme lui.

RESPECTE les vieillards. C'est la loi de tous les Peuples; c'est donc la loi de la Nature quand elle n'est pas corrompue.

RESPECTE les femmes; c'est leur apprendre à se rendre respectables.

N'ABUSE point des plaisirs qu'elles peuvent te procurer & tu gouteras la volupté de les aimer d'avantage.

AU milieu de la corruption, que ta langue soit toujours l'organe de la vertu, & que ton cœur ne démente pas tes discours.

SOIS modeste. Descends en toi-même, & dis pourquoi tu serais orgueilleux. Sois modeste, si tu crains qu'on ne cherche à t'abaisser. Mais si l'on veut ensuite t'humilier, n'oublie pas qu'il est une fierté noble qui convient aux cœurs vertueux.

CROIS-TU savoir beaucoup? Pense que tu ignores bien d'avantage & ne méprise pas les ignorans. La science n'est pas un devoir. L'ignorant peut être aussi précieux que toi à la Patrie.

En quoi l'homme inſtruit l'emporte-t-il ſur l'ignorant? Souvent en ce que ſes études l'ont rendu capable de ſe tromper ſur un plus grand nombre d'objets.

La ſcience eſt un inſtrument inutile à quiconque a l'eſprit faux. Mais tout le monde croit avoir l'eſprit juſte. Comment donc ſauras-tu quel eſt le tien, & ſur quoi peux-tu fonder ta vanité?

Use de complaiſance envers tout le monde, & ne ſois le complaiſant de perſonne.

Si tu n'as pas le bonheur de croire la religion de ton pays, ne raille point ceux qui la ſuivent: c'eſt une impoliteſſe groſſiere. Cherche encore moins à les faire changer de ſentiment. Songe que tu dois reſpecter les loix, & que partout les loix protegent la religion. Songe que peut-être l'homme que tu veux éclairer, a beſoin pour n'être point un ſcélérat, de croire tout ce qu'il croit. Mais combien d'hommes auſſi ſont devenus des ſcélérats pour avoir trop cru?

Enfin oſe être vertueux. D'abord tu paraîtras ſingulier, peut-être ridicule. Il faudra bien finir par te trouver reſpectable.

R 3

CHAPITRE XLII.

Bonheur.

NUL homme n'eſt ſeulement malheureux de ſes maux préſens. Nous anticipons ſur l'avenir pour nous mieux tourmenter. La crainte ſuit la jouïſſance & en empoiſonne le ſouvenir. Nous ſouffrons en idée des maux que peut-être nous n'éprouverons jamais. La mort même répand le trouble ſur notre vie : la mort que jamais nous ne devons connaître, puiſque, quand elle ſera venue juſqu'à nous, nous ne ſerons plus.

CE ne ſont pas les objets du luxe qui font le bonheur; il ne peut s'acheter par des tréſors. On pleure ſur le trône, on rit dans les fers. Si le corps ne ſouffre point, ſi l'on n'eſt pas rongé par la crainte & dévoré par les deſirs, que manque-t-il encore? Le plus malheureux des hommes peut étaler à nos yeux des vêtemens de brocard, & ſe nourrir dans l'or des mêts les plus exquis.

IL ſemble que ce ne ſoit pas pour nous que nous exiſtions. Si les hommes vivaient pour eux & non pas pour les autres, s'ils ne faisaient rien par air, ils seraient plus vertueux & plus heureux. On se loge pour les autres, on a des meubles pour les autres, on est vêtu pour les autres. C'est pour les autres que l'on prend des travers, que l'on se forme au vice, que l'on abjure la vertu. C'est pour les autres qu'on a une table somptueuse, qu'on joue gros jeu, qu'on entretient des courtisans sans les aimer, qu'on se fait un art de corrompre des femmes honnêtes, ou de paraître du moins les avoir corrompues: pour les autres qu'on cherche à s'enrichir & qu'on se ruïne.

Il faut qu'un homme qui pourrait vivre dans une cellule étroite & y être heureux, ait de vastes appartemens dont il n'occupe qu'un recoin, dont il ne peut couvrir qu'un pied de surface quand il est debout, & cinq à six quand il se repose. Il faut que ces appartemens soient garnis de mille affiquets inutiles & souvent ridicules, qui peuvent à la vérité plaire aux yeux, mais jamais à ceux du possesseur qui y sont trop habitués. Quoiqu'il ne puisse porter à la fois qu'un habit, il faut qu'il en ait un grand nombre & que les étoffes en soient de haut prix: il faut que ſes vêtemens ſoient ornés d'or & de broderie, qui ne garantiſſent point du froid, & rendent les chaleurs plus inſupportables. Il faut qu'il ait des bijoux aux doigts, il faut qu'il en ait dans ſes poches, dans ſes tiroirs & que ſa femme en ſoit couverte. Un événement imprévu peut lui faire perdre une partie de tout cela, & la perte de la moindre de ces bagatelles ſuffit pour altérer ſon bonheur.

Si vous voulez trouver un homme heureux, autant que l'humanité nous permet de l'être, cherchez le parmi les pauvres. Ils n'ont rien d'inutile à perdre, ils ont donc beaucoup moins de craintes. Ils ont peu d'ambition, parce qu'il n'eſt preſque rien à quoi ils puiſſent prétendre: ils ont par conſéquent moins de ſoucis. Qu'ils jouïſſent de la ſanté, le néceſſaire leur ſuffit, & le néceſſaire manque bien rarement.

Une ſorte d'indifférence philoſophique, bien différente de l'inaction, peut contribuer beaucoup au bonheur & à la tranquillité.

Serai-je avide de richeſſes, de grandeur? Ce ſont des inſtrumens de douleur que je me préparerai. Leur poſſeſſion ne vaut pas le tourment que nous cause la crainte de les perdre.

M E tourmenterai - je sur l'issue de mes projets? Je dois les conduire avec prudence, suivre mes vues avec ténacité, lutter contre les obstacles avec courage. Mais le succès ne dépend pas de moi: il est du ressort de la fortune.

J E puis désirer la gloire, travailler à la meriter. Mais puis-je maîtriser l'injustice des hommes ou la bizarerie des conjonctures?

M A fortune est-elle endommagée? Je puis n'en être pas plus malheureux. Le corps demande de la nourriture; la décence & la sensibilité exigent des vêtemens. Mais peu importe la qualité de tout cela.

L A perte que j'aurai faite est un malheur pour moi, si je m'en afflige: elle est indifférente, si je me rends supérieur aux coups de la fortune, si je sai me prêter, avec une ame toujours égale, à toutes les manieres d'exiller que peuvent éprouver les hommes. Avons - nous beaucoup perdu? Apprenons à jouïr de ce qui nous reste.

R 5

LE tems me manque pour acquérir des connaiſſances dont je ſuis avide. Eh! nos vaines
connaiſſances méritent-elles qu'on les regret-
te? Les unes ſont fauſſes, les autres incertaines; preſque toutes ſont frivoles. La Nature
a voulu que ce qui eſt vraiment utile, fût à
la portée de tout. le monde. Je me plais à
cette refléxion, je m'en occupe ſouvent: elle
me conſole de mon ignorance.

UN ami me trahit. C'eſt à moi de goûter
le repos que me laiſſe ma conſcience; à lui,
d'être rongé par les remords.

AS-TU faim? As-tu froid? Es-tu malade?
Non. Et tu te plains! tu n'es point malheureux, ſi tu veux, ſi tu fais ne l'être pas. En
ce même moment, des hommes gémiſſent ſans
nourritute, ſans vêtemens, ſans abri, expoſés
aux rigueurs de l'air, aux attaques des bêtes-
féroces, aux violences des hommes cruels, au
ſupplice de la faim. Quels ſont ces hommes?
Ils valent peut-être mieux que toi. Ce ſont
peut-être des hommes vertueux. Ce ſont du
moins des Grands, des Princes, élevés dans la
molleſſe, énervés par l'habitude de ne point

connaître de privations. Peut-être n'auront-
ils d'autre remede à leurs maux que la mort
qui les attend après de longues fouffrances.
Parcours les annales du monde, & ofe encore
te compter parmi les malheureux. Ne leve
pas les yeux vers les hommes plus heureux
que toi: ils ne le font peut-être qu'en appa-
rence. Confidere combien il y en a de plus
infortunés.

CHAPITRE XLIII.

Plaifir.

LA vie n'eft qu'un fonge bizarre & trom-
peur. Si elle offre quelque chofe de vrai, c'eft
le plaifir qu'on y peut goûter.

„ DEVRAI, ou la raifon fe mocque, dit
„ Montaigne, ou elle ne doit vifer qu'à notre
„ contentement. . . . Toutes les opinions du
„ monde en font là, que le plaifir eft notre
„ but, quoiqu'elles en prennent divers moyens.
„ Autrement on les chafferair d'arrivée. Car
„ qui écourerait celui qui, pour fa fin, éta-
„ blirait notre peine & méfaife? Les diffen-
„ tions des Sectes philofophiques en ce cas

„ font verbales. . . . . Quoiqu'ils dient, en
„ la vertu même, le dernier but de notre vi-
„ fée, c'eft la volupté. Il me plait de bat-
„ tre leurs oreilles de ce mot qui leur eft fi
„ fort à contre-cœur ; & , s'il fignifie quelque
„ fuprême plaifir & exceffif contentement, il
„ eft mieux dû à l'affiftance de la vertu qu'à
„ nulle autre affiftance. Cette volupté, pour
„ être plus gaillarde, nerveufe, robufte, vi-
„ rile, n'en eft que plus férieufement volup-
„ tueufe. ”

Oui, fans-doute, Montaigne a raifon. Toutes les religions, fi différentes entr'elles, ne
peuvent s'empêcher de s'accorder en un point,
fans lequel elles feraient abandonnées: c'eft de
préfenter pour dernier but des délices ineffa-
bles. Tous les hommes cherchent le plaifir,
mais c'eft prefque toujours où ils ne le trouveront jamais. Ils ne favent où le prendre, &
ne rencontreront que la douleur.

Ils courent après lui à la fuite du vice. S'ils
le trouvent par hazard dans ce fentier, ils payeront de bien des larmes cette rencontre d'un inftant.

LE plaisir ne consiste ni dans l'inaction, ni dans l'opulence. Combien d'hommes, au milieu de l'aisance & du repos, sont réellement malheureux, parce que, malgré les aises du corps, l'ame souffre des besoins cruels. L'ennui seul peut suffire pour empoisonner toutes les jouïssances.

SI vous voulez jouïr, craignez le malheur de n'avoir rien à faire. C'est à la suite du travail que le repos est un bien. Après de petites peines, le plaisir est agréable. Après de grandes peines, leur absence procure seule le plus grand plaisir qu'on puisse goûter.

LA Nature entiere ne subsiste que par le mouvement. L'homme seul serait-il fait pour le repos? Il ne s'accorde pas avec notre constitution, & nous trouvons dans l'inaction même, la punition de nous y être livrés.

SI la fortune vous rit, si ses faveurs ne coutent rien à votre vertu, il ne faut pas les dédaigner, car elles peuvent être bonnes à quelque chose quand on sait en faire usage. S'il faut les acheter de bien des peines, c'est payer trop cher les noirs soucis. Quand la capricieuse vous abandonne, apprenez à vous passer d'elle.

Sachez que la pauvreté a auffi fes plaifirs, qui font bien moins fujets aux revers. Elle eft environnée de moins de foins, de moins d'inquiétude. Elle ne vous offre pas de faux amis, prêts à vous trahir; elle ne vous procure pas de vains éloges qui vous difpenfent de les mériter. Si, quand vous ferez pauvre, on vous loue de quelque vertu, foyez alors content de vous-même. Si on ne vous loue pas, confolez-vous. Ce n'eft pas vous qu'on ne daigne point remarquer, c'eft votre fortune.

Faire une vaine recherche de plaifirs, c'eft le moyen d'en goûter peu. On perd pour la jouiffance, tout le tems, tous les foins qu'on emploie à cette recherche. Le plaifir eft partout: il faut le connaître & le faifir. Quand on le pourfuit, il échappe.

Une délicateffe dangereufe, rend peinibles les moindres privations, par la multiplication des néceffités. Eft-ce bien entendre fes intérêts que d'accumuler les moyens de fouffrir? Quel fort cruel que celui de ces Sybarites, qui, couchés fur des rofes, ne pouvaient trouver le fommeil, quand une feuille était pliée! L'homme amolli par les délices, n'a acquis que le talent de fouffrir plus que les autres.

Un homme bien conftitué, bien fain & bien fenfé, trouvera fa vie femée de plaifirs vrais, parce qu'ils feront fondés fur la Nature : car c'eft toujours elle que le fage doit fuivre. Ce ferait l'affliger, que de fe tourmenter inutilement par la privation de ce qu'elle nous offre d'elle-même, & de refufer les douceurs qui fe trouvent fous la main. Ce ferait une vaine affeſtation de philofophie, contraire à la fageffe, qui n'a rien d'affeſté. La vie nous eft prêtée pour en jouïr, pour profiter de tous les biens qu'elle nous offre, fans offenfer l'honnêteté ni le devoir, & non pour la femer de peines. Ne les cherchons pas, nous n'en rencontrerons que trop.

CHAPITRE XLIV.

Volupté d'Epicure.

Jeune homme honnête, qui as toujours marché loin des fentiers de la corruption, reçois le prix de ta vertu, apprends à connaître les charmes de la volupté. Vien, fuis moi dans les jardins d'Epicure. Viens écouter les le-

çons de ce charmant & refpectable Maître.
Il t'apprendra que la Nature a placé le plaifir
à côté de la fageffe & qu'il en eft la récompenfe.

QUELLE eft cette infcription gravéé en
gros caracteres fur la porte du Sage? Lifons.
„ C'eft ici le féjour du bonheur. On y met
„ le Souverain Bien dans la Volupté. Le Maî-
„ tre de cette maifon eft prêt à vous recevoir:
„ vous trouverez en lui un hôte humain &
„ facile. Les alimens que procure ce jardin
„ n'irritent pas la faim, mais ils l'appaifent.
„ La boiffon qu'on y trouve n'augmente pas
„ encore la foif, mais elle l'étanche. Tout y
„ eft fimple, tout y eft fourni par la Nature.”
PROFITONS de l'Hofpitalité qui nous eft
offerte. Entrons. Quel eft ce vénérable vieillard? La férénité de fon front nous peint la
candeur de fon ame: on voit briller fur fes
traits la douceur & la majefté. Couvert né-
gligemment des habits les plus fimples, il en
eft plus orné que de la pourpre des Rois.
C'eft Epicure, c'eft le Sage que nous cherchons. Environné, ou plutôt preffé de fes
jeunes difciples, il parait leur infpirer encore
plus

plus d'amour que de respect. Mais il parle.
Ecoutons.

„ MERE de la Nature, aimable Volup-
„ té, les hommes aveugles & coupables ont
„ déshonoré ton nom. Hélas! livrés à l'igno-
„ rance, à la cupidité, aux passions brutales;
„ vicieux, méchans & stupides, ils n'étaient
„ pas dignes de te connaître. Tu fuis le vul-
„ gaire insensé; tu n'habites que dans le cœur
„ du sage.

„ O VOUS qui m'écoutez, elle n'entrera
„ point dans vos ames avec toutes les passions
„ basses qui vous tourmentent & vous avilis-
„ sent. Pour la goûter, il faut pouvoir éprou-
„ ver le premier de tous les plaisirs: celui d'être
„ content de soi-même.

„ QUAND il n'y aura rien dans votre cœur
„ que vous puissiez avoir honte de découvrir,
„ vous sentirez le besoin d'avoir des amis. Le
„ Peuple imbécille méconnaît le prix de la
„ vertu. Le sage dédaigne ses jugemens ; mais
„ il ne se suffit pas à lui-même. Il cherche
„ le bonheur exquis d'être vertueux aux yeux
„ de l'amitié. La Volupté s'envole loin de
l'homme isolé. Nous savourons mal le plaisir,

S

,, fi perfonne ne fait que nous en avons. Je
,, compare la table d'un homme qui n'a point
,, d'amis, au repaire des bêtes féroces. Ne
,, fongez point aux mêts qui vous feront fer-
,, vis; mais penfez quels feront ceux qui les
,, partageront avec vous.

,, IREZ-VOUS courir après la fortune, fol-
,, lement perfuadés que la Volupté marche à
,, fa fuite ? Quelle erreur ! Si vous la cherchez
,, ainfi, croyez-moi, mes chers amis, vous ne
,, la trouverez jamais.

,, REGARDEZ moi. Je fuis plus riche que
,, les Rois de Perfe avec tout le fafte qui les
,, environne & qui les rend plus malheureux.
,, Je n'ai rien fait pour ajouter à ma fortune;
,, mais j'ai fu retrancher de mes defirs. Je fuis
,, fûr de n'être jamais pauvre, parce que je vis
,, pour la Nature. Si je vivais pour l'opinion,
,, je ne ferais jamais affez riche.

,, C'EST une grande richeffe qu'une pauvre-
,, té conforme à la Nature, & qui ne va pas
,, jufqu'à la faire fouffrir; qu'une pauvreté que
,, le contentement intérieur accompagne.

,, QUAND on poffèderait le monde en-
,, tier, fi l'on n'eft pas fatisfait de fa for-

„ tune, on eſt encore pauvre & miſérable.

„ VOULEZ-VOUS ſavoir le grand moyen
„ de jouïr de ſes richeſſes? C'eſt de n'avoir
„ pas beſoin de richeſſes. Ce n'eſt pas ordi-
„ nairement ſortir de la miſere que de parve-
„ nir à l'opulence: c'eſt changer de maniere
„ d'être malheureux.

„ GARDEZ-VOUS de rechercher les vains
„ honneurs, les dignités, les grandes places.
„ Vous pouvez être libres: pourquoi courir
„ après les fers? Hélas! les chaînes ſuperbes
„ dont vous vous croirez ornés, tiendront cap-
„ tives vos vertus mêmes. Il n'y aura plus
„ de libre en vous que la cupidité & tous les
„ vices qu'elle entraîne.

„ N'ENTREZ dans les grandes affaires que
„ quand vous y ſerez appellés pour le ſervice
„ de la Patrie; car nous ſommes obligés de
„ nous ſacrifier pour elle. Mais, tant qu'elle
„ vous laiſſera maîtres de vous-mêmes, ne re-
„ mettez pas au lendemain le moment de jouïr.
„ Goutez dès aujourd'hui le bonheur d'exiſter.

„ UNE des grandes folies des hommes, la ſour-
„ ce la plus abondante de leurs cuiſans déplai-
„ ſirs, c'eſt qu'ils n'exiſtent que dans leurs pro-

,, jets vains, dans leurs trompeuſes eſpéran-
,, ces. Ils ne vivent jamais, ils ſe diſpoſent
,, toujours à vivre.

,, JE ne veux trouver mes plaiſirs que dans
,, moi-même. Je les veux indépendans de l'a-
,, veugle fortune & de l'aveugle Nature. Me
,, rendrai-je le jouet de leurs caprices? Eh
,, quoi? Si je ſuis indigent ou ſouffrant, en
,, ſuis-je moins bon Citoyen, moins bon ami,
,, moins vertueux?

,, JE me ſoumets à des épreuves que je
,, m'impoſe moi-même. Je choiſis des jours
,, auxquels je ne ſatisfais ma faim qu'avec les
,, alimens les plus vils. Je veux voir ſi je per-
,, drai par là quelque choſe de la Volupté,
,, combien j'en perdrai, & ſi cette diminution
,, de plaiſir, vaut la peine que je me fatigue
,, beaucoup pour ne la pas ſupporter. Voyez
,, Métrodore; il partage avec moi ces épreu-
,, ves: mais il n'eſt pas encore parvenu au mê-
,, me degré de ſobriété. Le gourmand con-
,, ſume ces jours-là douze onces entieres pour
,, ſa nourriture. Il eſt vrai qu'il n'eſt que mon
,, diſciple. Quant à moi, qui ſuis le maître,
,, je tiens une table un peu moins ſomptueuſe.

,, AINSI, mes amis, vous voilà, quand vous
,, voudrez, aussi riches, aussi heureux que moi.
,, Craignez-vous l'esclavage ? Livrez-vous à
,, la philosophie. La véritable liberté ne vous
,, manquera jamais. Le Sage la conserve jus-
,, ques dans les fers. Il se rend supérieur aux
,, Mortels & à la Nature ; il peut, s'il le faut,
,, fouler aux pieds la nécessité même.

,, POUR être plus assurés de vos progrès
,, dans la vertu, faites choix d'un homme res-
,, pectable que vous ayiez toujours devant les
,, yeux par la pensée. Vivez comme s'il vous
,, regardait sans cesse. Ne faites aucune ac-
,, tion qui vous fasse rougir de l'avoir pour
,, témoin. Tant que vous pourrez croire qu'il
,, est satisfait, vous n'aurez vous-même au-
,, cun reproche à vous faire.

,, NE vous inquiétez pas de ce que pensera
,, de vous le vulgaire. Si vous vous sacrifiez
,, à ses jugemens, vous perdrez bientôt le bon-
,, heur. Je n'ai jamais voulu plaire au Peu-
,, ple, & je m'en suis toujours applaudi. Il
,, n'approuve pas ce que je fais ; & je me pique
,, de ne savoir pas ce qu'il approuve.

„ QUE l'idée de la mort n'altere point en
„ vous le fentiment de la Volupté. Regar-
„ dez comme des foux ceux qui courent à la
„ mort par ennui de la vie, puifque c'eft le
„ genre de vie qu'ils ont choifi, qui leur en
„ fait defirer la fin. Mais ceux qui ont hor-
„ reur de ce dernier moment, ne font pas plus
„ fenfés.

„ ACCOUTUMEZ - vous à penfer que la
„ mort ne peut jamais vous toucher. C'eft
„ dans le fentiment que confiftent & les biens
„ & les maux. Et qu'eft - ce que la mort, fi
„ ce n'eft la privation du fentiment? Elle
„ n'eft donc ni un bien, ni un mal : elle doit
„ donc nous être indifférente.

„ IL eft très vraifemblable que l'inftant fu-
„ prême, n'eft pas auffi douloureux qu'on le
„ penfe. Mais, fi l'on éprouve alors quelque
„ douleur, ce qui doit nous confoler, c'eft qu'elle
„ durera bien peu. Serai-je donc affez ennemi
„ de moi-même, pour m'affliger d'avance d'un
„ mal que j'aurai à peine le tems de fentir ?

„ Paffons agréablement la vie dans l'exer-
„ cice des vertus, & dans ce repos délicieux

„ que donne une confcience pure, fans nous
„ embarraffer de l'inftant inévitable où nous
„ rendrons nos corps aux élémens."

Ainsi parlait Epicure: & fes Difciples em-
braffaient avec ardeur la vertu, pour apprendre à connaître la Volupté.

Homme, fi tu veux goûter le plaifir, mérite de le trouver dans ton cœur.

F I N.